ちくま学芸文庫

日本資本主義の群像

人物財界史

栂井義雄

筑摩書房

日本工業倶楽部会館

日本工業倶楽部会館（写真下）は，会員の集会・懇親や，会員たる法人の株主総会などのために建造された（東京・丸の内，大正9年落成，横河民輔設計）。

会館正面屋上の男女労働者の塑像（写真上）は，大正期日本の代表的産業たる石炭鉱業と綿糸紡績業を象徴する（小倉右一郎作）。

はじめに

人物を中心に書かれた日本経済史・経営史研究は、すでにかなりたくさん出版されている。「財界人物列伝」といった書物になると、戦前・戦後を通じて山ほどあると言って過言ではない。本書は『日本資本主義の群像』と題し、「人物財界史」という副題を持つが、この表題が示す通り、代表的財界人の活動を通じて、明治維新から終戦までの日本財界の流れを描こうとするものである。そして、本書では、先学の研究成果を踏まえたうえで、既刊の類書とはひと味ちがったものにしたいと心がけた。

元来、「財界」という言葉は俗用語であり、また「財界史」といった学問分野が、確立しているわけでは決してない。私の知る限りでは、宮本又次教授が『関西財界外史・戦前篇』(昭和五十一年、関西経済連合会)を書いておられるが、同教授はこれを執筆するにあたって、「企業経営史や社会経済史の観点からアプローチしようとつとめた」ということである。この書物については桂芳男教授が「わが国の財界を考える場合、その経営史的アプローチについて新たな地平をきり開くにふさわしい快挙であった」と評価し、それと同時に、しかしながら「わが国の財界について考える場合、その経営史的アプローチについては、それが未開拓分野であるだけに、少し誇張した表現をすれば、問題は無数に存在しているといっても過言ではない」と付言している（『関西財界外史・戦後篇』昭和五十三年、同上）。

そこで私としては、本書の「概観　日本財界小史」をまず「財界」の定義から書きはじめ、そしてこの概観にかなりのスペースを割かなければならなかった。「財界」とはそもそも何かということからはじめて、日本の「財界」は明治維新から終戦までにどのような変遷をたどったかをひと通り記述するには、やはり、この程度の枚数が必要だったのである。個々の財界人の記述へ読み進む前に、まず「概観」を一読されるようお願いする。

また本書には一〇人の人物を選んだが、人物の選択が当を得ているかどうかについては、つぎに述べる私の人物選択の基準を、ご参照願いたい。すなわち「概観」にも書いたように、日本の「財界」の主流をなしたのはやはり財閥であった。満州事変までは旧大財閥が、満州事変以後は「新興財閥」が、それぞれ日本の財界を先導した。そこで、本書の人物の選択も、しぜん財閥に傾かざるをえなかった。一〇人のうち一人は「指導者型企業家」から、七人は三大財閥（三井・三菱・住友）から、残り二人は「新興財閥」から、という割振りになった。

個々の人物の描写にあたっては、その活動と業績に重点をおき、かつまた主として、その人物の「財界活動」が最高潮に達した時期に限った。紙面の制約から、個々の人物の出自や資質を詳しく書く余裕がなかったことは、ご諒恕願いたい。

最後に、「財界史」へのアプローチについてもう一度くりかえすが、本書は宮本教授に倣って、できるだけ企業経営史や社会経済史の観点から「日本財界」にアプローチしようとつとめた。しかし、それだからと言って、「財界史は学なり」とか、本書は学術書であるとか、などと主張するつもりは、さらさらない。いささか経営史・経済史的なにおいのする歴史読みものとして、本書を手にとってもらえれば幸せである。

なおまた、もし本書のスタイルや表現が、広汎な読者を対象とする書物として成功しうるとしたら、それはひとえに、本書の成稿途上で助言と協力を惜しまなかった編集担当者・小川慶子さんのおかげである。記して謝意を表する。

一九八〇年四月

著　者

〔著者付記〕　本書にとりあげた人物一〇人の氏名は、正しくは左のように書く。しかし本書文中では、便宜上当用漢字に統一した。その他の人名、企業名などの固有名詞も、同じくすべて当用漢字に統一した。読者のご理解を願っておく。

澁澤榮一《しぶさわえいいち》、岩崎彌之助《いわさきやのすけ》、中上川彦次郎《なかみがわひこじろう》、住友吉左衞門《すみともきちざえもん》、團琢磨《だんたくま》、池田成彬《いけだせいひん》、小倉正恆《おぐらまさつね》、岩崎小彌太《いわさきこやた》、鮎川義介《あいかわよしすけ》、中島知久平《なかじまちくへい》

【目次】日本資本主義の群像

日本資本主義の群像——人物財界史

概観　日本財界小史

「財界」の定義とその変遷

「財界」という言葉は戦前（および高度成長期以前の戦後）と、高度成長期に入ってからの戦後とでは、その使い方がかなり違ってきている。戦前（および高度成長期以前の戦後）には、「財界」は経済界・実業界と同じ意味に使われていたが、高度成長期に入ってからの戦後には、特にジャーナリズムによって、「日本株式会社」の政策決定に影響力を持つ経済界の権力集団、という意味に使われるようになった。

戦前最も広く使われた辞書の一つには、「財界」は「金銭取引に関する社会。経済界」と説明されていた（服部宇之吉・小柳司気太『詳解漢和大字典』大正五年十二月初版、大正八年十一月百版、冨山房）。戦後でも、昭和三十年五月に発行された新村出編『広辞苑』第一版（岩波書店）には「実業家・金融業者の社会。経済界」と説明されている。

ところが、高度成長期に入ると、同じ『広辞苑』の第二版補訂版（昭和四十四年第一刷）は、これを「大資本を中心とした実業家・金融業者の社会。経済界」と改めた。さらに昭和四十九年三月に初版の出た『日本国語大辞典・第八巻』（小学館）になると、「政治や経済に対して影響力をもった、大資本を中心とした実業家の世界。経済界」と説明し、前記したようなジャーナリズムの使い方に、だいぶ近づいてくる。

戦後の日本には、経済団体連合会（経団連）、日本商工会議所（日商）、日本経営者団体

連盟（日経連）、経済同友会（同友会）といった総合経済団体が、再建または新たに結成され、一般にこれを財界四団体と呼んでいる。これらの団体は個別企業・個別業界の利害の対立を調整し、経済界全体の利害（「総資本」の立場）を政治や経済の場に反映し、官民協調体制を形成することに貢献しているが、これらの団体の活動は、高度成長期に入るとともに、いっそう活発になった。その結果、大企業・大資本を背景に持つこれらの団体の指導的地位に立つ人びとの集団が、ますます目立つ存在となり、外国人からも、Zaikaiとして注目されるほどになった。これが、今日ジャーナリズム言うところの「財界」である。

しかし戦前には、同じジャーナリズムでも、「財界」を経済界・実業界と同じ意味に使っていた。たとえば我が国の代表的な経済雑誌『東洋経済新報』は、大正七年七月から昭和十五年十一月まで毎号巻頭に「財界概観」という欄を設けていたが、この欄で取り上げるテーマは景気・財政金融・産業・貿易・物価など、経済界全般にわたっていた。この欄はのちに「内外情勢」あるいは「経済概観」と改められるが、取り上げるテーマの範囲や、記事の書き方は、「財界概観」と同じであった。

本書でいう「財界」

ところで、前に挙げた『日本国語大辞典・第八巻』は「財界」の出典として、内田魯庵（慶応四〜昭和四年・一八六八〜一九二九）の短篇社会小説「投機」の一節を引用しているが、この小説は最初明治三十四年（一九〇一）五月雑誌『太陽』に載り、翌年六月単行本『社会百面相』に収められたものである（博文館発行）。そして、同じころ同じ魯庵によって書かれた他の小説「電影」（明治三十二年九月『太陽』）には「実業界」、「鉄道国有」（明治三十三年五月同上）には「経済界」という言葉が見られるが、魯庵が「実業界」・「経済界」・「財界」をそれぞれ区別して使っているようには、受けとりにくい。

そこで、『日本国語大辞典』のように、「財界」を「政治や経済に対して影響力をもった、大資本を中心とした実業家の世界。経済界」と説明するのであれば、そして内田魯庵がもし同じ意味に「財界」・「実業界」・「経済界」を使っていたのだとすれば、これらのことばに共通するものとして、実業家の持つ力という感じが包み込まれている、と考えるべきであろう。じじつ、魯庵がこれらの小説を書いた日清戦争から日露戦争にかけて、実業家の持つ力が、一般世人の眼にもはっきり映るようになってきた。そのため、小説に登場する人物の日常会話のなかにも、金力・金権の意味を込めた言葉としての「経済界」や「財界」が、しごく普通に現れるようになる。

さて、ここまでは俗用語としての「財界」について述べてきたのであるが、近年、これを企業経営史的・社会経済史的観点から取り上げようとする試みが、なされつつある。例えば宮本又次「あとがき」（『関西財界外史・戦前篇』）、および桂芳男「わが国の財界について考える――経営史的アプローチをめぐって――」（『関西財界外史・戦後篇』）が、それである。そこで本書の著者も、これら先学の試みにならって、つとめて企業経営史的あるいは社会経済史的観点から本書をまとめることにするが、「財界」の定義そのものについては、さしあたり、つぎのようにしておきたい。

それは、「財界」も、「実業界」も、「経済界」も、同じものであるとすると同時に、それらは「政治や経済に対して影響力をもった、大資本を中心とした実業家の世界」であって、つまり財力や事業が社会に及ぼす力など、力を背景に持つ社会（人物の集団）である、としておきたい。簡単にいえば、本書で「財界」（あるいは実業界・経済界）という場合は、戦前「財界の巨頭」と呼ばれた人びと、すなわち経済におけるパワー・エリートによって構成される社会を指すもの、としておきたい。そして、明治維新から太平洋戦争の敗戦までの時期におけるこのような「財界」の変遷を、一〇人の代表的人物（「財界の巨頭」）の活動を通じて描きたい、というのが本書の目的である。

日清戦争と財界

さて右に述べたような意味での「財界」になったのは、まず金融業者の社会であった。日清戦争における軍事費の調達を通じて銀行家の集団が「財界」を形成するようになり、日露戦争中および戦後の公債発行と公債整理を通じて、銀行家の集団はますます確乎たる勢力を築く。ついで、日露戦後から第一次世界大戦にかけての我が国工業の急速な発展を背景として、工業家の勢力が増大し、「工業家の世界」が「財界」を形成する。これを端的に示したのが、大正六年（一九一七）三月の日本工業倶楽部の創立であった。が、やがて工業家と金融業者および商業者を打って一丸とした「実業家の世界」としての「財界」が形成されることになるが、これを団体結成という形で表現するのが、大正十一年（一九二二）八月の日本経済連盟会の設立である。

明治二十七年（一八九四）七月、日清戦争を開始するに当たっての経済問題の第一は、軍事費の調達であった。そこで日清両国間に風雲急を告げると、総理大臣伊藤博文は当時京都に静養中であった日本銀行総裁川田小一郎を訪ね、軍事費の調達について協議した。日清戦争の軍事費は二億一、〇九七万円で、西南戦争に要した費用の五倍にのぼった。そのうち一億一、六八〇万円を内国債で賄ったが、当時（明治二十六年末）の全国銀行預金総額（日銀を含め、官公預金を含む）は一億一、五一一万円であったから、公債発行額は全国銀行預金総額に匹敵した。当時の日本の経済力からみて、軍事費を内国債で賄うことは容易でなかったが、日本銀行では民間貸出を抑制する一方、これによって生じた余裕を一時政府への貸上げに振向け、公債の公募以前に政府資金の散布を可能にした。こうしておいて、公債を発行し、そのほとんど全部を民間公募の形で消化した。が実際は、政府および日本銀行は民間金融機関に公債を割当てて、これを引受けさせたのであり、こうした金融政策を指導したのは日銀川田総裁、民間金融機関の公債引受けを斡旋したのは、第一国立銀行頭取の渋沢栄一であった。

政府が軍事費調達・公債消化にいかに心を砕いたかは、たとえば明治二十七年十一月、伊藤首相と大蔵大臣松方正義が首相官邸に有力銀行家を招き、公債発行を内議し、公債応募を要請したことを見てもわかる。このとき招かれたのは横浜正金銀行頭取園田孝吉・三井銀行専務理事中上川彦次郎・三菱合資会社支配人荘田平五郎・安田銀行監事安田善次郎・第十五国立銀行支配人山本直成の五人であった。これらの銀行はそれぞれ公債を割当てられたが、たとえば第十五国立銀行は三〇〇万円を割当てられ、この引受けを実行した。

そのころには、有力銀行家は、公式および非公式の団体を組織しており、これらの団体は軍事費の調達についてもそれぞれ有効に活動した。公式の団体としては、明治十年(一八七七)二月渋沢栄一によって始められた択善会が明治十三年(一八八〇)九月東京銀行集会所となり、明治二十七年ごろには渋沢栄一(第一国立銀行頭取)・安田善次郎(安田銀行監事)・豊川良平(三菱系の第百十九国立銀行頭取)などが、同集会所の指導者として活動していた。また非公式の団体としては、明治二十二年一二人の銀行家で組織され、次第に盛大になった社交機関の「鰻会」があった。豊川良平がこの会の幹事役をつとめていた。

以上のように、銀行家たちは軍事費の調達に協力し、政府との結合を強めていったが、三井・三菱・住友・鴻池の富豪たちは、それ以外にも、つぎのような活動を行った。日清戦争が起こると、東京では三井八郎右衛門・岩崎久弥・渋沢栄一・福沢諭吉・東久世通禧たちが発起人となって「報国会」を設立し、関西では住友吉左衛門・鴻池善右衛門らが主唱して「報公義会」を組織した。いずれも軍資の拠出、軍人援護などを目的としたもので、こうした運動の結果、陸海軍恤兵献納金二七九万円、軍費献納金一六万円が国庫におさめられた。

富豪への論功行賞

日清戦争後、明治二十八年川田小一郎は功によって勲三等に叙せられ、男爵を授けられた。明治二年（一八六九）七月、公卿と諸侯（旧藩主）に華族の称号が与えられ、ついで明治十七年（一八八四）七月華族令が制定されて以来、公卿・諸侯・政治家・軍人・高級官僚以外で、つまり実業家出身で、爵位を授けられたのは、川田小一郎が初めてであった。これは前述したような、日銀総裁としての日清戦費調達における功績に対して、与えられたものである。

ついで明治二十九年六月、岩崎弥之助・同久弥と三井八郎右衛門の三人が、それぞれ男爵を授けられた。三菱・三井の両富豪が、我が国最高のハイ・ソサエティーたる「皇室の藩屏」に、このとき初めて列せられたのである。さらに明治三十三年（一九〇〇）五月には、渋沢栄一が、多年の功績に対して同じく男爵を授けられた。前述したように、「財界」・「実業界」・「経済界」という言葉が社会小説の登場人物の会話に出てくるのは、そのころからである。

当時の三菱の財産は、明治二十七年末現在で三菱合資会社（資本金五〇〇万円）の使用総資本が六三五万六、〇〇〇円であった。三井では、明治二十六年末現在で三井銀行・三井鉱山・三井物産・三井呉服店の四つの合名会社の財産総額が八四九万二、〇〇〇円であった。また関西の住友家の財産は明治二十五年十月現在で、別子銅山の評価三三〇万円をふくめて七二〇万円と推算されていた（旗手勲『日本の財閥と三菱』、『三井事業史・資料篇三』および『住友春翠』による）。

明治維新から日清戦勝までの三〇年足らずの間に、日本の経済は急速にその実力を高め、その経済力の上に、清国に勝利するだけの軍備を整えることができた。「富国強兵」・「殖産興業」の旗じるしの下にこのような方向に日本を導いたものは明治政府であったが、民間にあってこのような国策の民間への普及・浸透をはかったものは「指導者型企業家」と呼ばれる人たちであり、これらの政策を身をもって実践したのは、「政商」と呼ばれる商工業者であった。これらの人びとの代表が、日清戦費の調達に大きな功績をあげた渋沢栄一であり、三井・三菱・住友の富豪である（「指導者型企業家」・「政商」については、次章の「渋沢栄一」を参照）。これらの人びとは政府の意を体して「殖産興業」に挺身することにより、強兵の基礎たる国富を増進するとともに、政府の手厚い援助と保護とによって、みずからの巨富をも蓄積することができたのであった。

日露戦争と財界勢力の躍進

さて日露戦争となると、軍事費の調達は、いっそうの大問題となった。日露戦争では一七億三、〇〇〇余万円の軍事費をついやしたが、これは日清戦争のそれの八倍を越えた。このうち一四億一、七〇〇万円を公債で賄ったが、うち五億一、六〇〇万円を内国債で、九億一、〇〇〇万円を外国債で調達した。つまり日露戦費の半ば近くは外国債に頼ったが、日本銀行副総裁の高橋是清が米英に渡って、外債募集に活躍した。

いっぽう国内においては、日露国交の風雲急を告げる明治三十六年（一九〇三）十二月、緊急勅令により戦備に要する経費を支弁することにし、ついで翌年一月八日、大蔵大臣曽弥荒助は永田町の官邸に東京の有力銀行家を招き、軍事費の調達について協力を求めた。政府側は蔵相のほか次官阪谷芳郎・主税局長目賀田種太郎・理財局長水町袈裟六・主計局長荒井賢太郎で、招かれたのはつぎの人びとであった。

松尾臣善《しんぜん》（日本銀行総裁）　豊川良平（三菱合資会社銀行部長）
早川千吉郎（三井銀行専務理事）　園田孝吉（十五銀行頭取）
池田謙三（第百銀行頭取）　馬越恭平（帝国商業銀行取締役会長）
佐々木勇之助（第一銀行取締役支配人）

（ほかに第一銀行頭取渋沢栄一が招かれたが、病気のため出席しなかった）

日本がロシア帝国に宣戦を布告したのは二月十日であるから、一月八日といえば、日露開戦以前のことである。したがって、この日の会合は親子兄弟にも秘密を守るという趣旨のもので、曽弥蔵相は右の招待者たちを一人ずつ別室に呼び入れ、開戦の近いことを告げて、公債募集につき内談した。そのあとで、曽弥蔵相は、片瀬の別荘から持参した鮟鱇《あんこう》の鍋を煮て、招待客をもてなした。その夜の主客はその後「鮟鱇会」を組織して、日露戦中戦後の公債募集と公債整理に協力した。「金融業者の世界」としての「財界」は、ここに確乎たる地位を固めた。内国債は明治三十七年三月から三十八年七月までに、五回に分けて四億八、〇〇〇万円が発行された。

内国債の発行・消化については、大蔵大臣ばかりでなく、総理大臣桂太郎をはじめ小村寿太郎（外務）・山本権兵衛（海軍）・寺内正毅（陸軍）・清浦奎吾（農商務）の諸大臣、および伊藤博文・山県有朋・井上馨・松方正義の諸元老が、それぞれ有力銀行家や財界の巨頭をあるいは招待し、あるいはこれらと会見して、公債応募を要請した。たとえば、左の如くである。

明治三十七年一月二十八日、桂首相は東京・京都・大阪・神戸・横浜・名古屋の銀行家を首相官邸に招待し、大蔵・外務・海軍・陸軍・農商務の各大臣が出席した。

同年一月二十九日、桂首相は三井・三菱をはじめ有力実業家を招待し、他方松尾日銀総裁は銀行家を招き、井上・松方両元老も臨席して、公債発行条件を決定した。

また同年十月一日、第三回公債募集に関し、曽弥蔵相は六大都市の銀行家を招待し、井上・松方両元老も出席した。ついで翌日、松尾日銀総裁の銀行家招待会の席上、公債募集条件を協議した。さらに同月十日、有力銀行家が首相・蔵相、伊藤・山県・井上・松方の諸元老と会見して、意見を交換した、など、など。

また日露戦争の場合には、明治三十六年の秋ごろ、岩崎弥之助（三菱）・渋沢栄一（財界大御所）・益田孝（三井）ら「財界の巨頭」は対露強硬政策の樹立を主張して、政府を鞭撻し、実業界の世論の喚起につとめた。のみならず、そのころ三菱合資会社社長岩崎久弥は明治三十六年八月十四日、横浜を出発、米国を経由して九月十四日ロンドンに到着し、約一カ月後の十月十七日にロンドンを出発、やはり米国を経由して東京に帰った。この旅行は一人の同伴者もつれず、全く単身で往復したが、その重要かつ特殊な任務は、今日まで謎とされている。久弥はその帰国直後（同年十二月十一日）正四位に叙せられ、翌三十七年四月十六日勲三等瑞宝章を授けられた。

日清戦争後、川田小一郎・岩崎弥之助・同久弥・三井八郎右衛門・渋沢栄一の五人が男爵を授けられたことは前に述べたが、日露戦後になると、明治四十四年（一九一一）八月、鴻池善右衛門・近藤廉平（三菱）・住友吉左衛門・藤田伝三郎・三井八郎次郎の五人が、それぞれ男爵を授けられ、財界の地位に対する国家的評価は、ますます高まっていった。このうち鴻池・住友・藤田の三人は、関西財界を代表していた。

これについで第一次世界大戦中の大正四年（一九一五）十二月、大倉喜八郎・古河虎之助・三井高保・森村市左衛門が、大戦終了直後の大正七年（一九一八）十一月益田孝が、大正九年（一九二〇）一月川崎芳太郎・安川敬一郎が、それぞれ本人またはその父の「経済発展の功」によって男爵を授けられ、大正九年九月には、渋沢栄一が男爵から子爵に陞《しょう》爵《しゃく》した。以上で実業家の授爵は一段落し、それ以後はひとり団琢磨が、昭和三年（一九二八）十一月男爵を授けられたばかりである。

右のように日本の政治家が、それまでの官尊民卑的な、独善的な指導者意識を反省して、実業家の専門的知能と経済力とを重視するようになり、積極的に経済界の協力を求めるようになったのは、日清戦争以来のことであるが、「日露戦争を経て財界の実力は名実ともに一大勢力にまで強大化するにいたった」のである（高橋亀吉『日本近代経済発達史』第二巻）。

日本工業倶楽部の創立

右のように日清・日露の両戦争を経て、金融界を中心とする「財界」が確立されるが、日清・日露戦争から第一次世界大戦にいたるまでに、日本の工業は急速な発展をとげ、大正三年（一九一四）七月の第一次世界大戦の勃発が、これに拍車をかけた。そのため造船・鉄道車輌・機械工業・製鉄業などの重工業や電力事業が急激に発達し、その指標として石炭の生産高をみると、明治二十六年の三三〇万トンから明治三十六年（一九〇三）には一、〇〇〇余万トンに、さらに大正四年（一九一五）には二、〇四九万トンへと飛躍的に増加している。また工業会社の払込資本金は、明治二十七年の四、四六〇万円から、明治三十六年の一億七、〇〇〇万円に、さらに大正四年の八億八、〇〇〇万円にと、これまた躍増した。

こうした状況を背景として工業家の勢力もまた急速に増大したが、この勢力を結集する動きが、大正四年十一月ごろから起こり、その結果、大正六年三月「日本工業倶楽部」の創立総会の開催、同年四月農商務大臣からの社団法人たることの許可にと進んだ。日本工業倶楽部は創立総会で決定した定款において「工業に関する諸種の問題を調査研究し、有益と認むる事項はこれを公表すること」など五つの事業内容を掲げたが、その最も重要な目的は、工業家の意見をとりまとめて建議活動を行うこと、および工業家の社交機関となることであった。この後者の目的のために、会館を建設し、会員の集会・懇親の便に供すること、会員たる法人の株主総会またはその他の集会の用に供することなどを定款に定めていたが、この会館は大正九年十一月に竣工した。

この日本工業倶楽部が結成されるまでは、民間経済界の意見を代表する機関として、まず銀行集会所（銀行倶楽部）があり、銀行家たちは前述したように、すでに「財界」としての勢力を確立していた。そのため、日本の実業界は、金融業者によって代表される観があった。もう一つは商業会議所で、これは明治十一年に渋沢栄一が中心となって設立した東京商業会議所と、これを全国的に組織した全国商業会議所（明治二十五年設立）があったが、これらは工業家を代表する機関たりえなかった（商業会議所はのち昭和三年に「商工会議所法」に基づいて、商工会議所となった）。

当時、工業家の組織する団体としては、明治三十三年に創立された日本工業協会（会長は元農商務大臣の子爵金子堅太郎）があったけれども、これは個人会員をもって組織された微力なものにすぎなかった。そこで大正四年十一月ごろから、これを強力な団体に組織替えしようという気運が起こり、その計画が進められたが、そのうちに、個人組織・少額の会費という行き方の日本工業協会とは別個の団体を組織する運動がおこり、和田豊治や大橋新太郎らが中心になって法人本位の組織として三井・三菱・渋沢・大倉・安田・日比谷などの各系統の代表的な人物を網羅し、これを中核とする日本工業倶楽部が結成されることになった。

日本工業倶楽部は創立総会で会長に豊川良平を、副会長に馬越恭平と日比谷平左衛門を推し、理事二五名、監事五名を選んだが、理事会の互選で団琢磨が理事長に、和田豊治・大橋新太郎・郷誠之助・中島久万吉が専務理事に推された。そのほかに名誉会員として、政財界から一五人が推薦されたが、左の如く三井・三菱・大倉・森村・古河・安田の諸財閥の人びとが、大部分を占めていた。

子爵金子堅太郎・子爵清浦奎吾・男爵渋沢栄一・男爵三井八郎右衛門・男爵岩崎小弥太・男爵近藤廉平（三菱）・男爵大倉喜八郎・男爵森村市左衛門・男爵古河虎之助・安田善次郎・中野武営・益田孝（三井）・荘田平五郎（三菱）・朝吹英二（三井）・手島精一。

第一次世界大戦中および戦後を通じて、日本工業倶楽部は財界の利害を代表して政府に種々の建策・要望を行ったが、それらの主なものはつぎの如くであった。

鉄鋼自給問題（日本工業倶楽部は、大正六年七月公布・九月施行の製鉄業奨励法の制定を促進した）、戦時利得税問題、関税定率法改正問題、関東大震災の善後処置の問題、労働組合法制定問題（制定に反対の猛運動）、満州事変に関する内外問題。

日本の国際的地位向上と経済連盟の結成

日本工業倶楽部は工業家を中心とする団体であったが、その結成から五年後の大正十一年（一九二二）八月には、全実業界を打って一丸とする「日本経済連盟会」（略称経済連盟）が創立され、ここに日本における「財界」は全面的に確立された。

経済連盟設立の直接の契機となったのは、大正十年十月から翌年五月にいたる間、英米訪問実業団が諸国を歴訪して欧米経済団体と交流した結果、それら諸国にあるような全国的な総合経済団体を、日本においても持つべきだという機運が生まれたことである。英米訪問実業団は団琢磨を団長とする二四人から構成されていたが、それらの人びとは当時の「財界の巨頭」であったから、左にその顔触れと肩書を紹介しておく（会社名の「株式会社」は省略する）。

三井合名理事長・工学博士＝団琢磨
王子製紙社長＝藤原銀次郎
大阪商船常務＝深尾隆太郎
第百銀行取締役＝原邦造
加島銀行常務＝星野行則
高島屋飯田取締役＝飯田直次郎
大阪商業会議所副会頭＝稲畑勝太郎
横浜商業会議所会頭＝井坂孝
日本郵船取締役＝石井徹
大倉組副頭取＝門野重九郎
三菱銀行会長＝串田万蔵
電気化学工業取締役・薬学博士＝馬越幸次郎
明治鉱業代表取締役＝松本健次郎
日清紡績社長＝宮島清次郎
富士瓦斯紡績常務・工学博士＝持田巽
古河電気工業社長・男爵＝中島久万吉
三井物産常務＝南条金雄
東京商業会議所特別議員・日本工業倶楽部専務理事＝大橋新太郎
三井合名理事＝阪井徳太郎
神戸商業会議所会頭＝滝川儀作
住友銀行常務＝八代則彦
三井銀行常務＝米山梅吉

この英米訪問実業団が帰国すると、「国際商業会議所の組織にならって、各種公共団体・法人および個人を網羅した有力な実業団体を造りたい。そして対外的には国際商業会議所に加盟し、対内的には我が国経済界の重要問題を調査・研究しあるいはその対策に協力しようではないか」という意見が、有志の間に次第にまとまってきた。

そこで大正十一年七月、井上準之助・池田謙三・井坂孝・大橋新太郎・和田豊治・団琢磨・内藤久寛・中島久万吉・串田万蔵・藤山雷太・郷誠之助の連名で「実業界有力者中一百名」に、この新団体結成についての協議に参集願う旨の招待状を発送した。この招待状には「我が国の近年における国際経済上の地位の向上に鑑みて、国際商業会議所に加入すべき機運が到来しているので、この際我が経済力を集中し、各方面の意見を統一するに足る一大事業団体の出現することは真に時代の要求と申すべきで」という一節があったが、この呼びかけに応じて同年八月一日、東京銀行集会所に財界人五〇人が集まった。この会合がそのまま創立総会に切り替えられ、前記の招待者一〇〇人のうち賛成者九八人全員を評議員として、日本経済連盟会が発足した。間もなく会員数は大正十二年三月末、二五八名(うち法人会員六一名)となった。

この経済連盟が成立すると、日本工業倶楽部は同年(大正十一年)十一月、団体として経済連盟に加盟することになり、それ以後、「各方面の意見を統一」し、建議する機能は、次第に工業倶楽部から経済連盟に移されて行き、工業倶楽部は社交機関としての色彩を強めていった。

他方、日本経済連盟会の設立は、国際経済問題について各国経済団体と連繋を保つこと、特にパリに本部を持つ国際商業会議所に加盟することを、使命の一つとしていた。だがそれには、一国の主要勢力を代表する国内委員会を組織することを必要としたので、我が国の六大商業会議所会頭と日本経済連盟会理事とをもって国内委員会を組織することになり、大正十二年(一九二三)六月、井上準之助・団琢磨・郷誠之助・木村久寿弥太・湯川寛吉など三九名を委員として、パリの本部に通告した。そして国内委員会では団琢磨を議長に推薦したほか、理事三名および理事代理三名を選任し、団は大正十四年六月まで二年間議長をつとめたのち、井上準之助にあとを譲った。

財界の確立と財閥体制の背景

経済連盟は発足当初(大正十一年八月)から昭和三年(一九二八)四月まで、当番常務理事三人ないし五人によって運営され、当番常務理事は経済連盟を代表し、理事会・評議員会および会員総会の議長となると定められ、形式上は会長とほぼ同じような職務権限を、持つものであった。この当番常務理事には、左の人びとが交替に就任した(左記配列は、就任時期の順序)。

井上準之助　大橋新太郎　菊池恭三　池田謙三　原富太郎
和田豊治　堀啓次郎　団琢磨　串田万蔵　藤山雷太
郷誠之助　湯川寛吉　井坂孝　稲畑勝太郎　池田成彬
浜岡光哲　土方久徴　滝川儀作　志村源太郎　指田義雄
鹿島房次郎　上遠野《かどの》富之助

だが、昭和三年四月、この当番常務理事制をやめて会長をおくことになり、初代会長には工業倶楽部理事長団琢磨が選ばれ、団がこれら両団体の最高責任者を兼ねることになった。かくて団は、日本財界最高機関を代表することになったが、彼は三井合名会社の理事長として三井の「総帥」の地位にあったから、「工業倶楽部や経済連盟の出現は、端的にいえば、わが国の工業化過程の本格的な進展とそれに伴う財閥体制の確立を背景としていた」とされたのである（前掲・桂芳男「わが国の財界について考える」）。

三井は明治四十二年から四十四年にかけて財閥を形成し、三菱は大正六年から十一年にかけて、住友もまた三菱と同じころ財閥としての形を整えていったが、これに安田を加えた四大財閥は、昭和三年ごろには、払込資本金の総額一九億九、〇〇〇万円にのぼる銀行会社をその支配下に持ち、全国会社の払込資本金総額の約一五％を占めるにいたった。のみならず、この四大財閥は自己資本および預金・保険準備金の合計五六億四、三〇〇万円を持っていたから、この膨大な資金を通じて、多くの企業を金融的に支配することができた。

全国的雇主団体の形成とその後の財界

こうして財閥体制を背景とする「財界」が確立していったが、労働対策が財界にとっての重大さを加えるに伴い、昭和四年から六年にかけての浜口民政党内閣の労働組合法案に対する財界あげての反対運動の副産物として、昭和六年（一九三一）五月、雇主団体たる全国産業団体連合会（全産連）が結成された。それ以後経済連盟は、意識的に労働問題に関係しなくなった。全産連の会長には、郷誠之助が就任した。郷は渋沢栄一を嗣ぐ財界大御所と呼ばれ、東京商工会議所および日本商工会議所の会頭で、労働組合法案に対しては、工業倶楽部理事長・経済連盟会長の団琢磨とともに、反対運動の先頭に立った人である。全産連の顧問には団琢磨と三菱合資会社総理事の木村久寿弥太が就任した。この雇主団体にも、三井・三菱両財閥の勢力が大きく反映していた。

ところが、この時期以後、財界の情勢は、次第に変化していった。昭和六年九月の満州事変の勃発、昭和七年二月の血盟団員による井上準之助の暗殺（井上は有力な財界指導者の一人）、つづく三月の同じく血盟団員による団琢磨の暗殺により、財閥・財界は軍部およびファシズムからの攻撃に対して自らを防衛しなければならなくなった。団亡きあと工業倶楽部理事長は木村久寿弥太により、経済連盟の会長は郷誠之助によって引きつがれ、財界の指導権は依然として財閥・大資本によって握られてはいたが、政界の指導力は政党から軍部・革新官僚の手に移っていき、財閥・財界はこうした情勢の変化に対応しなければならなくなった。

やがて昭和十二年（一九三七）七月、日中戦争が起こると、ただちに政府による経済統制が行われるようになり、十六年（一九四一）十二月、太平洋戦争に突入すると経済統制はますます強化されて、財界団体は政府の統制機関へと変質していく。そうした反面、財閥・財界も戦争経済力として再編成されていくが、このような情勢のなかで、新たな財界勢力が勃興してきた。それは新興コンツェルン、あるいは新興財閥と呼ばれた実業家の一団である。野口遵《したがう》（日窒）・森矗昶《のぶてる》（日本電工）・鮎川義介《よしすけ》（日産・満州重工業）・中野有礼《ゆうれい》（日曹）・中島知久平（中島飛行機）・大河内正敏《まさとし》（理研）といった人びとがそれである。これらの人びとは重工業および化学工業の分野で、それまで日本になかった新しい工業を起こす。すなわち、アルミニウム工業・金属マグネシウム工業・ボールベアリング工業・自動車工業・航空機工業など、直接間接、軍需に必要な諸工業を興すことにより、あるいは兵站基地朝鮮・満州へ進出することにより、戦争遂行に貢献する。かくてこれらの新興コンツェルン（あるいは新興財閥）は、一大勢力となって、財界地図を描きかえる。

他方、財界団体についていえば、昭和十六年八月、経済新体制確立要綱の線に沿って「重要産業団体令」が制定され、同年十二月から十八年一月にかけて二二の産業部門に統制会が作られたほか、金融については全国金融統制会がつくられた。これは営利の追求を目的とする私企業経営を、統制会を通じて「戦争目的第一主義」に切り替えようと試みたものであるが、あらゆる経済力を戦力化しようとするこうした政府の努力にもかかわらず、太平洋戦争が敗戦に終わったことは周知の通りである。

本書の構成

以上述べてきたような「財界」の形成・確立と太平洋戦争終結までの変遷を、それぞれの時代を代表する一〇人の「財界巨頭」の活動を通じて描こうとするのが、本書である。まず金融業者の「財界」が形成される日清・日露両戦争時代を代表するものとして「指導者型企業家」渋沢栄一と三菱（岩崎弥之助）・三井（中上川彦次郎）および住友（住友吉左衛門）の三代政商を選んだ。ついで工業家による「財界」の形成から、全実業界を打って一丸とする「財界」・総資本の確立期――日露戦後から第一次世界大戦を経て昭和恐慌期にいたる財閥確立期――を代表する人物として「日本の団」団琢磨を選んだ。それ以後、満州事変から日中戦争・太平洋戦争へと進む波乱の時期、財界団体も戦時統制機関へと変貌していく時期を代表するものとして、三井（池田成彬）・住友（小倉正恒）・三菱（岩崎小弥太）の三大財閥と、新興財閥から鮎川義介および中島知久平を選んだ。以下にこれら一〇人の活動のあらましを、いちおうまとめておく。

渋沢栄一（指導者型実業家、天保十一～昭和六年・一八四〇～一九三一）。明治新政府の大蔵官僚から天下って第一国立銀行の総監役・頭取となり、「富国強兵」「殖産興業」政策を民間に浸透させた先覚者で、「財界」形成の先頭を切った。

岩崎弥之助（三菱資本の所有者・企業家、嘉永四～明治四十一年・一八五一～一九〇八）。兄岩崎弥太郎を嗣いで三菱の基礎を固め、三菱の財力と事業を背景として日清・日露両戦争時代の財界の巨頭および政界の黒幕として活躍した。

中上川彦次郎（三井の専門経営者、嘉永七～明治三十四年・一八五四～一九〇一）。日清戦争前後の三井にあって、三井銀行の不良貸出の整理、商業および金貸資本から産業資本への三井の脱皮および事業体制の整備をはかり、後年の三井の財閥化への道を開いた。また三井部内に中上川閥を作ったが、その結果やがて閥下の人材が各方面に分散して、日本の専門経営者時代を招来することになった。

住友吉左衛門（公卿の家から婿養子に迎えられ住友資本の所有者となる、元治一～大正十五年・一八六五～一九二六）。企業家・経営者としての資質も才能も持っていなかったが、彼が家長であった時代に、日清・日露・第一次大戦を経て、住友家は三大財閥の一つに成長した。明治天皇の側近徳大寺実則《さねつね》と西園寺公望を兄に持つ吉左衛門は、その出自を背景とする社交活動によって、住友の家格と関西財界の地位を高めることに貢献した。

団琢磨（三井の専門経営者、安政五〜昭和七年・一八五八〜一九三二）。第一次大戦の勃発と時を同じくして三井財閥の最高指導者となり、大戦ブームと昭和恐慌のなかで三井の黄金時代を生み出した。外に向かっては日本工業倶楽部と日本経済連盟会をひきいて、「日本の団」として活躍したが、ファシストの凶弾によって非業の死をとげた。

池田成彬（三井の専門経営者、慶応三〜昭和二十五年・一八六七〜一九五〇）。団琢磨亡きあと三井財閥の最高指導者となり、三井をファシズムの攻撃から守った。ついで政界に乗り出し、時に妥協し、時に抗争して軍部から財界を防衛することに努力した。総理大臣級の財界人と目され、対英米戦争の回避と早期講和を目ざして軍部政権と対立した。

小倉正恒（住友財閥の専門経営者、明治八〜昭和三十六年・一八七五〜一九六一）。昭和恐慌のさいちゅうに住友財閥の最高指導者の地位につき、恐慌・満州事変・日中戦争のなかで住友財閥を巨大化し、その軍需素材工業をひきいて、戦争遂行に貢献した。

岩崎小弥太（三菱財閥の所有者、陣頭指揮者、明治十二〜昭和二十年・一八七九〜一九四五）。第一次大戦中に三菱の最高指揮者となり、大戦ブームと昭和恐慌のなかで三菱を大財閥に発展させ、その巨大な軍需工業をひっさげて戦時下に勢威を張った。

鮎川義介（企業家、明治十三〜昭和四十二年・一八八〇〜一九六七）。第一次大戦中に鋳物工業会社を創立して企業家としての第一歩を踏み出し、昭和恐慌で、破綻に瀕していた久原鉱業株式会社を立て直したのち、満州事変以来の時局ブームに乗ってこれを日産コンツェルンに発展させ、日中戦争下に満州重工業開発株式会社総裁となって、対ソ戦兵站基地・満州の建設に活躍した。

中島知久平（企業家・資本家、明治十七〜昭和二十四年・一八八四〜一九四九）。海軍技術将校から転じて第一次大戦中に軍用機製作に乗り出し、三菱重工業会社とならぶ日本最大の中島飛行機株式会社を創りあげて、日中・太平洋戦争に貢献するところ絶大であった。他方、昭和恐慌期に政界に入り、政友会の領袖としても重きをなし、親軍政治家と呼ばれた。中島は「航空機戦策」に基づく日本の世界制覇にその生涯を賭けた。

以上一〇人の人物――すなわち明治維新から太平洋戦争敗戦にいたる期間において、日本資本主義を創建し、発展させ、さらには崩壊させる上にそれぞれの役割を果たした一〇人の代表的人物――それらの人物の人間像と活動の状況を、以下に記述する。

1　渋沢栄一＝初期日本資本主義の指導者

渋沢栄一

指導者型企業家・渋沢栄一

日本の資本主義への道を指導したのは、明治新政府であった。政府は「富国強兵」・「殖産興業」の旗じるしの下に、封建的政治・社会・経済制度の撤廃・改革をはかる一方、外国からの新しい経済制度の移植と近代工業の保護・育成をはかった。新貨幣制度の移植、新たな交通および通信制度の導入、近代産業の移植や育成、貿易振興政策の採用などがそれである。政府はこれらの政策を推進するために、まず政府みずからの手による近代産業の移植すなわち官業による近代産業の経営を行うとともに、他方いろいろの方策を講じて民業の発達をはかった。民業の発達は国富を増進し、国富の増進は「強兵」を創出・維持するための基盤を拡大・強化するからであった。

こうした政策を立案・実施したのは大久保利通・大隈重信・伊藤博文・井上馨・松方正義などの政治家であるが、他方、民間にあって政府と民間との間をとりもち、政府の政策の民間への普及・浸透・徹底をはかった企業家たちが出現した。それらの人たちは近年、日本経済史や日本経営史の教科書のなかで「指導者型企業家」として類型化されているが、その最も代表的な人物は東の渋沢栄一（天保十一～昭和六年）、西の五代友厚（天保六～明治十八年）である。この二人とも明治新政府の官僚から天下って実業界に入り、日本の工業化・近代化を目ざして商工業者の先頭に立ち、かつ彼らを組織した。

またこのとき、政府の「富国強兵」・「殖産興業」政策を身をもって実践することにより、政府から手厚い援助と保護を受けて富を蓄積すると同時に、国策・国益に奉仕するという民間人が現れてきた。山路愛山（『現代金権史』明治四十一年）いうところの「政商」・「政府が自《みずか》ら干渉して民業の発達を計るに連れて自《おのず》から出来たる人民の一階級」がそれである。

この政商にも二つの類型があって、一つは、徳川時代にすでに封建的支配者に結びついて特権商人となり、巨大な富を蓄積していたが、さらに幕末維新期の混乱による危機を切りぬけたのち、明治以後、政府の手厚い保護を受けていっそうの発展をとげるもので、この類型に入るものとして三井・住友・鴻池があるとされる。他の一つは、幕末維新の動乱期にあたり、むしろその混乱に乗じ、それを利用して一挙に巨富を築いた徒手空拳型ともいうべきものである。この型の政商は藩権力・明治新政府から外国商人にまで結びついて、蓄財に狂奔したとされる。この型に属するものとして、岩崎弥太郎・安田善次郎・藤田伝三郎・大倉喜八郎・浅野総一郎・古河市兵衛などが挙げられている（楫西光速『政商』）。

近世特権商人の政商化したものにせよ、徒手空拳型の政商にせよ、明治政府の保護に支えられて富を蓄積すると同時に、彼らの活動によって近代産業を興し、日本の国富を培った。そして指導者型企業家たちは、みずからの富の蓄積よりも、経済界の指導者として、あるいは世話役として、政商の創出・育成に力を貸したのであるが、これら指導者型企業家や政商たちの活動がなければ、「富国強兵」・「殖産興業」などの政策は、実行できなかったのである。

さきに「概観」で記したように、日清戦争における戦費の調達を契機として、「政治や経済に対して影響力をもった、大資本を中心とした実業家の世界」、すなわち「財界」が形成されるのであるが、この日清戦争を可能にした日本の経済力・資本力を創出し、拡大・充実したものは、前記の人びとだったのである。

もっとも、上記の人びとのなかにも、五代友厚や岩崎弥太郎のように、早くも明治十八年（一八八五）に世を去っている人がいる。二人は同じ年に病没し、五代は五十一歳、岩崎は五十二歳であった（数え年）。しかし、これらの人びとも、生前、その後の経済発展の基礎を築いていたのであって、五代の残したもののなかでは、たとえば大阪商業会議所や大阪商業講習所（大阪市立大学の前身）、大阪製銅会社（住友金属工業株式会社の前身）、阪堺鉄道（南海鉄道株式会社の一部）などが、一〇〇年近くたった今日でもまだ生きつづけており、また岩崎弥太郎の築いた基礎の上に三菱財閥・三菱企業グループが構築されたことは、周知の通りである。

それはそれとして、渋沢栄一は明治・大正を生きぬいて昭和六年（一九三一）に九十二歳の天寿を全うするまで、民間における日本資本主義の最高指導者として活動した。その足跡は巨大である。

第一国立銀行と渋沢栄一の関係

指導者型企業家としての渋沢栄一の経歴は、明治六年（一八七三）八月一日、第一国立銀行の開業と同時に、その総監役に就任したところから、はじまる。つまり企業家渋沢は、まず銀行経営者として、その第一歩を踏み出すのである。渋沢は大蔵省三等出仕・大蔵少輔事務取扱として、大蔵大輔井上馨とともに大蔵省を切りまわしていたが、その大蔵省実力者の地位を捨てて、野に下った。そして銀行家を志したのであるが、そのとき渋沢は重大な決意をもって、金融業に身を投じた。渋沢は、ひとたび官を辞して野に下る以上は、たとえ総理大臣になれる場合があっても動かない、と決心して銀行家になったが（渋沢栄一『青淵百話』）、渋沢をして銀行家たらしめた動機は、「富国強兵」にあった。

渋沢に言わせると、国家の政治・軍事・法律・教育などを進歩させることはむろん必要であるが、その根本となり基礎となるものは、国民が富みかつ栄えることである。それがなければ、国家は真に富強であるとはいえない。それには官界を退いて商工業者の中に入り、実業を進める責任を負わねばならぬ、と決意した。しかし、商工業者になろうとして、さて何が自分の長所かと考えてみると、普通の小売商は、自分にはできない。また自分はヨーロッパの言語に通じないから、外国貿易もできない。しかし大蔵省に数年間在職して、財政経済のことは判るから、できることなら日本の金融機関を作ってみたいと発意した。そこで、この目的を達するには、銀行業でなければならぬと決意し、「意を決して銀行家となって一生を送らうと思い定めた」（前掲『青淵百話』）。

かくて渋沢は第一国立銀行の総監役となるのであるが、そもそも渋沢は、この銀行設立の法的根拠＝国立銀行条例（明治五年十一月制定）の制定に参画し、ついで第一国立銀行の設立を推進している。国立銀行条例は米国のナショナル・バンク・アクトに範をとり、大蔵少輔伊藤博文・大蔵大輔井上馨・大蔵大丞渋沢栄一などが参画して制定したもので、その狙いの中心は、殖産興業のための資金の供給にあった。この国立銀行は、名称は「国立」でも米国のナショナル・バンクと同じく私立の銀行で、正しくは「国法銀行」と呼ぶべきものであり、商業銀行であると同時に、銀行券発行の特権を持つ発券銀行であった。そしてその組織は、株式会社組織であったが、この国立銀行条例の制定に先だって明治四年七月、大蔵省は福地源一郎訳『会社弁』および渋沢栄一述『立会略則《りっかいりゃくそく》』を発行し、資本を出し合って銀行・会社を設立することの有利であるゆえんや、その作り方などを啓蒙した。当時の日本では、合本《がっぽん》組織（資本を集めて会社を作ること）に対する理解が、皆無だったからである。

そこで国立銀行条例の公布が近づくと、大蔵省の井上馨や渋沢栄一は、政府の御為替方《おかわせかた》

（官金を取扱う御用商人）たる三井組・小野組・および島田組を説いて、これらが共同して第一国立銀行を設立することを要請した。結局、三井・小野両組だけが共同して第一国立銀行を設立することになり、一般公募の出資金を合わせて明治六年六月創立、翌七月開業免状下付の運びになった（資本金二四四万八〇〇円、うち三井・小野は、それぞれ一〇〇万円を出資、株主数七一人）。

かくて渋沢は大蔵省の高官として、国立銀行条例の制定に参画し、その条例公布を前にして合本組織の必要を啓蒙し、国立銀行条例が制定されると、それに基づく日本最初の国立銀行＝第一国立銀行の設立を三井・小野両組をして政府に出願させ、その創立を推進する。そして明治六年五月、渋沢は依願免出仕の辞令を受けて大蔵省を退き、民間人となったのち、翌六月の第一国立銀行の創立総会には株主の一人として出席し、その席上でも、重要な役割を果たす。渋沢は、第一国立銀行創立の原因および経緯、政府の趣旨と発起人などの趣旨を詳細に説明したのち、将来の方針三カ条と申合規則増補を提案して、これらが株主一同によって異議なく承認された。ついで渋沢は、三井・小野両組の株主の合議に加わって、重役銓衡にも当たった。

さらにその上、渋沢は、第一国立銀行重役全員の懇望により「総監役」に就任する。これは、頭取・取締役・支配人のさらに上位にあって、銀行いっさいの事務を管理し、これについて頭取その他の役員に指令し、彼らを監督し、役員会には議長になるなどの権限を持ち、頭取・支配人席の近くに席をおいて日勤するというものであった。渋沢は第一国立銀行の総監役の地位につき、約二年二カ月在任するが、明治八年八月一日、同行の経営および組織改革に関連して総監役が廃止されると、渋沢は改めて頭取に就任する。第一国立銀行は営業満期の結果、明治二十九年(一八九六)九月に株式会社第一銀行となるが、渋沢は新銀行でも頭取に就任し、大正五年(一九一六)七月まで、頭取として活動する。明治六年三十四歳で第一国立銀行総監役に就任し、大正五年七十七歳で第一銀行頭取を退くまで、四三年にわたって渋沢は同行の最高指導者として、これを主宰し、頭取を辞任したのちも、相談役として終生関係を持ちつづけた。相談役であった期間は一五年だから、これを加えると渋沢と第一銀行との因縁は五八年間ということになる。

したがって、指導者型企業家、民間における日本資本主義の最高指導者としての渋沢栄一の全生涯を貫いて、その背景には第一国立銀行・株式会社第一銀行がひかえている。この点を忘れて、渋沢栄一を語ることはできないのである。

もう一度繰り返せば、第一国立銀行・第一銀行の発展は渋沢栄一なしにはありえなかったと同時に、渋沢栄一の財界活動もまた、第一国立銀行・第一銀行なしにはありえなかった。それは同行の持つ資金と、同行総監役・頭取という地位を背景として、はじめて可能だったのである。

また第一国立銀行は当初三井・小野両組の出資を中心として設立され、資本金二四四万八〇〇円のうち三井・小野各々一〇〇万円を出資していたが、明治七年の破綻で小野組は株主から脱落した。三井も明治九年七月、独自の私立銀行（私盟会社三井銀行）を設立して以来、次第に第一国立銀行の経営から遠ざかっていった。その結果、明治二十九年第一国立銀行が資本金五〇〇万円（全額払込）の株式会社第一銀行に改組し、ついで、明治三十二年、三十八年、大正元年、大正二年と増資を重ねて同年末に資本金二、一五〇万円（うち払込一、三四三万七、五〇〇円）となったころには、三井の第一銀行持株数は、総株数四三万株のうちわずか七、〇八四株に減ってしまった。

他方渋沢栄一は個人名義の持株と、東京貯蓄銀行頭取および有終会会長としての持株を合わせて三万九六八株を所有し、群を抜いた筆頭株主となっていた（株主総数二、六六七名）。こうして第一銀行は、もはや渋沢の所有となっていたのであって、渋沢は第一銀行の完全な資本家経営者であった。さらに重役陣においても、大正八年十月までは、三井を代表して三井八郎次郎が第一銀行の取締役に入っていたが、同人の死去を最後として、それ以後、三井からの役員はいなくなった。

銀行経営者・銀行指導者としての渋沢

第一国立銀行は、日本最初の近代的金融機関であり、同時に日本最初の株式会社であった。そこで明治新政府は第一国立銀行を模範銀行とみなしたのであるが、同行の開業後間もなく、渋沢総監役は経営上の困難に直面しなければならなかった。その第一は、小野組の破綻である。

小野組は放漫経営からその取扱い官金に対する証拠金納入に行きづまり、明治七年(一八七四)十一月、本店を閉鎖するとともに、御為替方を辞退してしまった。つまり小野組は破綻したのであるが、同組は第一国立銀行の大株主であると同時に、同行から無担保で巨額の金を借りていたから、小野組の破綻は第一国立銀行そのものの破綻につながった。じつはこの時、三井組も取扱い官金の証拠金納入に手づまりをきたすところであったが、井上馨が三井の危機を救い、さらに渋沢を援助して第一国立銀行の危機をも救った。渋沢はこの危機打開のために第一国立銀行の経営および組織の大改革を行い、それにともなって明治八年八月、総監役から頭取となったのである。

渋沢が直面した第一銀行経営上の第二の困難は、同行の発行する紙幣の流通難であった。政府が国立銀行に銀行紙幣発行の特権を与えたのは、これによって殖産興業のための資金を造出すると同時に、国立銀行紙幣をもって、それまで濫発された政府紙幣(不換紙幣)を回収するという狙いを、もっていた。しかし、第一国立銀行についで明治六〜七年の間に設立された国立銀行は第二、四、五の三行にすぎず、また以上四行から発行された銀行紙幣も国民の間に信用をえることができなくて、正貨との兌換を求められ、再び国立銀行に回流してしまった。結局国立銀行四行を合わせた国立銀行紙幣の発行高は、多いときで二〇〇万円内外にとどまり、明治九年六月にはわずかに六万二、〇〇〇円に減ってしまった。かくて国立銀行の資金は涸渇し、経営も成り立たなくなった。

そこで政府は明治九年八月、国立銀行条例を改正して、国立銀行紙幣の正貨兌換を廃止すると同時に、金禄公債（華士族の秩禄全廃のため明治九年発行されることになった公債、総額一億七、四〇〇万円）を資本金として国立銀行を設立できるようにした。その結果、華士族によって設立される国立銀行が簇生して、明治十二年（一八七九）には国立銀行は一五三行にのぼった。しかし、それらの国立銀行のほとんどすべては、近代金融機関の何たるかを知らない旧大名や旧武士の設立・経営するものであったから、万事第一国立銀行を模範とし、これを見習った。そのため、第一国立銀行の斡旋・指導を受ける国立銀行は数十行にのぼった（『第一銀行史・上巻』）。したがって、第一国立銀行頭取としての渋沢の果たすべき役割の第一は、まず個々の後発国立銀行の世話と指導であった。

渋沢はまた銀行業者の親睦をはかり、共通の利害を研究する団体を組織した。明治十年（一八七七）七月、第二国立銀行頭取原善三郎・第三国立銀行頭取安田善次郎・三井銀行の三野村利左衛門らとはかって渋沢の設立した「択善会」がそれである。この会には、右の各行のほか、第四、五、六、十五、二十の各国立銀行が参加した。会員は東京日本橋区兜町の第一国立銀行本店に毎月一回ずつ会合し、この会合を利用して、渋沢は国立銀行の業務の整備・同業者の資格向上・新知識の注入につとめ、『択善会録事』（翌年『理財新報』

と改題）を発行して会員の研究の材料とした。択善会はのち明治十三年（一八八〇）八月、第一国立銀行ほか三一行の同盟による東京銀行集会所に発展し、明治十五年三月には、東京日本橋坂本町に会員集会のための建物を新築した。渋沢はそれ以来明治二十九年（一八九六）二月まで、引きつづき委員長に選ばれ、その後規定改正によって会長になり、大正五年（一九一六）財界引退まで、その地位にあった。この銀行集会所が、日清・日露両戦争の戦費調達を通じて「財界」形成の中心となるのである。

産業企業の経営と育成

右のように、渋沢栄一は国立銀行条例を作り、それに基づいて日本最初の国立銀行を作り、その経営者となったばかりでなく、後発国立銀行を指導・育成したから、わが国銀行の生みの親・育ての親であった。が彼はまた、わが国洋紙製造業の先覚者でもある。

渋沢は明治二年（一八六九）十月明治新政府に入って大蔵省に出仕し、翌三年八月紙幣《しへい》頭《かみ》となったことから、紙幣や各種政府証券用紙製造事業を官業で起こすことを、正院に建議したことがある（明治五年六月）。他方渋沢はまた三井・小野・島田の各富豪を説いて洋紙製造を企画させ、その結果明治六年二月、三井・小野の共同出資で抄紙会社が設立された。これは王子製紙株式会社の前身であるが、渋沢は大株主三井の依頼で明治七年一月、その代表取締役となり、以後明治三十一年（一八九八）九月まで足かけ二五年間、同社社長の地位にあった。王子製紙は、渋沢が関係した二番目の企業で、第一銀行とともに、渋沢がもっとも力を注いだものである。

しかし、渋沢が関係を持った会社企業は、以上に尽きるものではなく、その数約五〇〇にのぼったが、渋沢が関係企業の輪を拡げていった経路は、つぎの如くである。

渋沢は、明治六年三月、徳川慶勝・伊達宗城・池田章成などの旧藩主たちを中心にはじめられた鉄道建設計画（「鉄道組合」）に、深い関係をもった。これは東京・青森間の鉄道敷設から東京・横浜間鉄道の払下げ獲得に計画を変更し、その後いくたの紆余曲折をたどって東京海上保険会社の設立に進んだ。同社は明治十二年八月開業した。

渋沢はまた、東京府瓦斯局（明治七年十二月からガスの製造と東京市内のガス街灯点火事業を開始）の事務長を嘱託された。これは明治十八年十月に東京瓦斯会社になった。

さらに明治九年ごろ、渋沢は耐火煉瓦製造業の起業に関係し、これが後に品川白煉瓦製造所となった。

このようにして早くから、渋沢は近代産業企業の設立・経営に関係したが、明治十四、五年から十八年にかけて松方デフレの進行するなかで、渋沢の「財界活動」――会社企業の創立・発起・援助・投資により近代産業を生起・発達させるというオーガナイザー活動――がますます活発になる。そして、松方デフレの終熄した明治二十年から二十二、三年にかけてこの活動はきわめて目ざましくなり、明治二十年には一挙に二〇社と関係を持つにいたっている。渋沢自身も言っているように、「余が重役とか相談役とかになって居た事業は、大抵明治二十年前後の創立に係るもので」あったが（前掲『青淵百話』）、明治十七年から二十八年までに渋沢の関係した会社企業は、主なものだけでも七二社にのぼった。

第一国立銀行は「国立銀行」としての営業満期到来のため、明治二十九年（一八九六）九月、「私立銀行」として営業を継続することになり、株式会社第一銀行となったが、このとき明治十五年（一八八二）以来第一国立銀行の支配人となっていた佐々木勇之助が、第一銀行の取締役に就任すると同時に、引きつづき支配人を兼ねることになった。ついで明治三十九年には第一銀行に総支配人制が布かれ、佐々木は取締役・総支配人となった。総支配人というのは事実上は頭取に近い仕事をする役職であった。

こうして第一銀行の実務を佐々木に委せることになった渋沢は、ますます財界活動に力を注ぐようになり、明治二十九年から四十一年までの間に渋沢が新しく関係を持つようになった会社企業は、主なものだけで五一社にのぼった。

第一国立銀行および第一銀行の頭取として渋沢が創立・発起・援助・投資した主な会社企業は明治十七〜二十八年の間に七二社、明治二十九〜四十一年の間に五一社、累計一二三社にのぼるが、これらの会社はいずれも同行の取引先となり、同行の業績に寄与した。渋沢がこうした活動を行うのは、前にも記したように、「富国強兵」・「殖産興業」の国策に沿ったものである。しかし、そのことは、第一銀行の経営の上にも大きなプラスになった。なんといっても、これらは当時の優良企業であったから、これを取引先に持つことは、第一銀行の発展のための有力な地盤となった。

明治四十一、二年当時、第一銀行の取引先はつぎのような事業分野にわたり、ほとんどあるゆる分野を網羅していたが、それらの分野のほとんど全部に、渋沢頭取の関係した企業が含まれていた。

各種商業・貿易・綿糸布・生糸・絹織物・麦酒・酒造・製糖・製粉・帽子・皮革・木材・漁業・肥料・製紙・薬品・ゴム・製油・鉱業・石油・窯業・土木・建築・機械器具・鉄鋼・造船・海運・鉄道・運送・瓦斯・電気など（前掲『第一銀行史・上巻』）。

そして渋沢の関係した企業には、人的系統からいうと、古河・浅野・大倉関係の事業が目立っていた。つまり渋沢は、これらの政商・財閥の育成にも貢献したのである。

渋沢の政商・財閥育成

渋沢栄一と古河市兵衛（天保三～明治三十六年・一八三二～一九〇三）との接触は、明治三年夏ごろ、渋沢が大蔵省租税頭《そぜいのかみ》、古河が御為替組小野組の番頭の当時にはじまり、明治七年、小野組の破綻を契機として両者の関係がきわめて密接になった。渋沢は第一国立銀行総監役として小野組に対する同行の貸金処理に当たったが、小野組への貸金一三七万円のうち七五万円は古河名義になっていた。これに対し古河は、それが無担保貸付であったにもかかわらず、小野組所有の米穀・岩鉏・公債・株券や、院内および阿仁の両鉱山を抵当物として第一国立銀行に提供することを申し出て、同行に損害を及ぼさないという処置を講じた。

渋沢はこのときの古河の態度を多とし、それ以後、古河を援助するようになり、小野組倒産後独立した古河が新潟県下草倉銅山の経営に着手したときは第一銀行から一万円を融通した。ついで古河が足尾銅山の経営を引受けるに当たっては（明治九年十二月）、同山所有者との間のトラブルを仲介・斡旋したり、また資金的援助を行うなど、渋沢と古河との提携は後年までつづいた。古河財閥の形成は、渋沢に負うところ大きい。

浅野総一郎（嘉永一～昭和五年・一八四八～一九三〇）は、明治九年、抄紙会社へのコークスおよび石炭納入に関連して、抄紙会社総理の渋沢にその商人としての努力と才腕を認められ、それ以後、渋沢の援助を受けるようになった。明治十六年四月、浅野は工部省深川工作分局（セメントおよび耐火煉瓦工場）の貸下げを受け、ついで翌年九月、そのセメント工場の払下げを受けるが、これを基礎として浅野セメント＝日本セメント株式会社を築き上げ、やがて浅野財閥への道を歩むことになる。このセメント工場の払下げを斡旋し、かつその経営資金を提供したのは、渋沢である。

また明治十七年、浅野が磐城炭鉱会社を創立するに当たっては、渋沢は発起人となり、会社設立後は、みずからも出資して、取締役会長に就任した。その他浅野回漕部（明治二十年設立）の設立援助など、渋沢はその後も引きつづき浅野を援助した。

右の磐城炭鉱設立には、渋沢は大倉喜八郎（天保八〜昭和三年・一八三七〜一九二八）にも協力させたが、明治二十年には、渋沢は大倉と共同して帝国ホテルを創立し、その理事長に就任した。これは時の大蔵卿井上馨の勧誘によるものであったが、その他大倉による日本土木会社（明治二十年）や札幌麦酒会社（明治二十一年）の設立には、渋沢は発起人あるいは創立委員長となって、これらを援助した。渋沢は大倉との関係を後年までつづけ、大倉財閥の形成に力を貸した。

以上のほか、渋沢による関西紡績資本の育成については、明治十五年の大阪紡績会社および十九年の三重紡績会社の設立（いずれも東洋紡績株式会社の源流）を挙げなければならないが、こうした政商や産業資本への援助・育成については、なお渋沢と三井の関係に触れないわけにいかない。このことはまた、渋沢・三井・井上馨という三者の密接な関係に触れることになる。

三井が「政商」となるのは、明治維新に際し、幕府の御用商人であった三井が一転して朝廷御用に変身し、金穀出納所《きんこくすいとうしょ》（大蔵省の前身）御用達を申しつけられたときにはじまる。明治新政府は財政資金を賄うため、三井組の信用を借りて、さかんに、不換紙幣を発行・流通させた。明治四年十月から翌年二月にかけて発行された大蔵省兌換証券（俗に「三井札」）や、明治五年一月に発行された北海道開拓使兌換証券などが、それである。これらの紙幣発行の衝に当たったのが大蔵大輔《だいう》の井上馨や、その部下の渋沢栄一、および三井側では一番番頭の三野村《みのむら》利左衛門（文政四～明治十年・一八二一～一八七七）であった。

三野村は「人に交って離れしめないという一種の力を持っていた」（渋沢の評）が、その資質を発揮して井上・渋沢などの高官と深い関係を結び、井上を通じて同じ長州閥の伊藤博文や山県有朋と結び、さらに肥前閥の大隈重信とも結んで、これらの人びとの援助により、三井は数々の利益を得た。三野村利左衛門亡きあとは、益田孝（嘉永一～昭和十三年・一八四八～一九三八）が、渋沢・井上・山県などとの密接な関係を保って、政府と三井の間を結びつけていた。

渋沢が三井のためにはかった事例としては、三菱の海運界独占に対抗するため、明治十五年七月、政府の命を受けた渋沢・益田などが協力して共同運輸会社を設立、三菱会社との熾烈な競争を開始したこと（この競争は結局、明治十八年に両社の合併による日本郵船会社の設立となって終熄する）、および明治二十六年七月、商法会社編の施行に当たり、三井直系企業四社（銀行・物産・鉱山・呉服店）を合資会社ではなく合名会社組織とするよう、三井家「顧問」としての渋沢が助言したこと、の二つだけを挙げておくこととする。「大顧問」井上馨とともに、渋沢は三井に大きな影響力を持っていたのである。

財界オピニオン・リーダーとしての渋沢

以上のような渋沢栄一の活動は、後発銀行を指導し、多くの産業企業を生みだし、日本経済を発展させ、「財界」を形成・確立すると同時に、第一国立銀行・第一銀行のために多くの取引先を作ることによって同行を発展させた。こうした活動を通じて渋沢は、民間における「日本資本主義の最高指導者」となったが、明治四十二年（一九〇九）をもって、渋沢の財界活動は、いちおう終わりをつげる。この年、古稀の賀寿（七十歳）を機として、渋沢は第一銀行と東京貯蓄銀行の頭取だけを残して、関係会社八〇余の役員のほとんど全部を辞任したからである。それまでに渋沢の関係した会社企業は五〇〇に及んだ。

ついで第一次大戦中の大正五年（一九一六）喜寿（七十七歳）を機会に、渋沢は第一銀行と東京貯蓄銀行からも退いていっさいの財界との関係を断ち、それ以後「財界の大御所」となる。そして渋沢は、社会公共事業に余生を捧げることになり、その関係したものは六〇〇に及んだ。

ところで渋沢が頭取の地位を去ったのち、第一次大戦中から戦後にかけて第一銀行は飛躍的発展をとげるが、当時の同行の主な取引先は古河・浅野・大倉・大川・山下・川崎・久原などの系統の事業が目だっていた。古河・浅野・大倉と渋沢との関係については前述したが、大川合名会社の主宰者大川平三郎は渋沢の甥で、王子製紙会社技師長として渋沢の下で実業家としての訓練を受けた。山下合名会社の山下亀三郎は、渋沢とは明治三十八年（一九〇五）冬以来の新しい関係であるが、明治四十二年、海運事業に失敗して渋沢に援助を請い、渋沢から資金的援助を受けて以来、渋沢の恩顧をこうむること一通りでなかった。山下はそのとき渋沢に助けられて、第一次大戦中には一躍船成金になった。とにかく渋沢＝第一銀行は、右のような中流の財閥を育成しつつ、みずからも発展をとげてきたのであった。

以上は渋沢栄一の銀行経営者・産業企業のオーガナイザー・指導的企業家としての活躍の概略であるが、なお財界のオピニオン・リーダーとしての活動に触れておかなければならない。それは東京商業会議所の指導者としての活動である。渋沢は明治十一年（一八七八）三月商法会議所が設置されると初代会頭に就任した。商法会議所は政府に対する建議、政府の諮問に対する答申、経済問題の調査・研究などを主な事業とし、近代的経済団体の性格を備えた最初のものであった。

商法会議所は明治十六年（一八八三）東京商工会となり、明治二十三年（一八九〇）商業会議所条令の発布によって東京商業会議所となり、明治三十五年（一九〇二）には新たに商業会議所法が制定されるなどの変遷があったが、渋沢は明治三十八年（一九〇五）に東京商業会議所会頭を退くまで、終始この団体をひきいて商業者のオピニオン・リーダー、またスポークス・マンとして活動した。

渋沢はまた政府の設置した会議・調査会の委員・会長・副会長として政府の諮問を検討・審議し、あるいは政府への建言をおこなって、政府と民間（銀行家・商工業者）の間を仲介した。その最も主なものは明治二十六年の法典調査委員と貨幣制度調査会委員、明治二十九年の農商工高等会議議員、明治三十一年の同会議議長、明治四十三年の生産調査会副会長である。財界の国際交流については、渋沢は特に日米親善に多くの努力を払い、また日華実業協会会長（大正九年三月就任）、国際連盟協会会長（大正九年四月就任）をつとめていた。

2 岩崎弥之助＝明治期三菱の支配者

岩崎弥之助

「政商」としての三菱

岩崎弥太郎（三菱）は、「徒手空拳型政商」の典型とされている。岩崎弥太郎（天保五年十二月十一日〔一八三五年一月九日〕〜明治十八年〔一八八五〕二月七日）は土佐藩の経済官僚であったが、同藩の海運事業を表向き私商社の形にするため明治三年（一八七〇）閏十月九十九《つくも》商会を設立し、翌年七月廃藩置県が行われたため、明治五年一月、土佐藩との関係を絶つとともに、これを三川《みつかわ》商会と改称した。これは弥太郎の協力者川田小一郎（天保七年〜明治二十九年・一八三六〜一九〇六）・石川七財・中川亀之助（森田晋三）の三川を合わせて商号としたのであった。またこのときは、岩崎弥太郎は表面に立たなかったが、明治六年三月、再度商号を改めて三菱商会としたとき、川田・石川・中川たちは経営主宰の全権を岩崎弥太郎に一任し、それ以来同商会は弥太郎の個人経営となった。

その後三菱商会は三菱汽船会社、ついで郵便汽船三菱会社と改称し、かつまた明治十五年から十八年にかけて三井系の共同運輸会社と猛烈な競争を展開したのち、弥太郎没後間もない明治十八年九月に三菱と共同運輸の両社は合併して、日本郵船株式会社となる。すなわち、独立の海運業者としての岩崎弥太郎の活動は、明治六年から十八年までの一二年間にすぎなかったが、その間の三菱の事業の発展は、まことに目ざましかった。

明治六年当時の三菱商会の所有汽船は三隻・二、一八一総トンにすぎなかったが（旧土佐藩船で、帆船・艀船などは除く）、日本郵船設立に当たって三菱会社の出資した汽船は二九隻・三万六、五九九総トンに増加していた。また、このときの三菱会社の資産額は六五二万一、六六八円と評価され、同社の陸海従業員は、内外人合わせて二、一九七人にのぼっていた。

海運は弥太郎の主力事業であったが、そのほかにも、鉱山（吉岡銅山・高島炭鉱）、造船（長崎造船所、政府より貸下げ）などにも着手しており、岩崎弥太郎は、三井とならぶ日本最大の富豪と見られるに至っていた。この岩崎の急激な資本蓄積は、弥太郎個人の資質・能力・敏腕な協力者たちの活動（特に川田小一郎・石川七財）などによるものであったが、しかし、政府の手厚い保護がこれに大きく寄与していた。明治八年から明治十年にかけて政府が三菱会社に貸下げた金額は三四二万円、また明治八年から明治十五年までに政府が三菱に無償で払下げた船舶・助成金・貸下げ金などを合計すると八〇〇万円以上にのぼった。四〇〇万円ほどの助成金は返済を要しないものであり、残りの貸下げ金も、無利息または年二〜三％から五％までの低利であり、その返済も一〇カ年以上一五カ年、ないし五〇カ年賦返済という特典を与えられていた。

三菱に対するこのような保護は、明治七年（一八七四）の征台の役や明治十年（一八七七）の西南戦争における軍事輸送への三菱の功績に酬いるとともに、将来に備えて海運力を強化するという「富国強兵」「殖産興業」政策から出たものであった。このような国策に協力した三菱を手厚く保護したものは、大蔵卿大隈重信と内務卿大久保利通であった。すなわち岩崎弥太郎の豪富の蓄積は、こうした政治権力者との特殊関係に負うところ大きかったが、同時に弥太郎の活動は国策・国益に副うものだから、弥太郎こそはまさしく「政商」にちがいなかったのである。

さて岩崎弥太郎の没後、その弟岩崎弥之助（嘉永四〜明治四十一年・一八五一〜一九〇八）が、海運を失った三菱の事業を再編・再建するが、他方、弥太郎の右腕として活躍した川田小一郎は、明治二十三、四年ごろ三菱を引退する。しかし川田は、そのまま埋もれるのではなく、三菱という個別資本の世界を離脱して、日本銀行の総裁という、総資本を代表する立場に迎えられる。そして、岩崎弥之助もまた、やがて三菱の経営を弥太郎の嫡男久弥にゆずり、川田を継いで日本銀行総裁となるのであるが、三菱を背景としたこれらの人びとの「財界活動」をつぎに記そう。

三代つづいた三菱系日銀総裁

明治二十二年（一八八九）九月から三十六年（一九〇三）十月まで、日清戦争をはさんだ前後一四年間、三菱出身者が三代にわたって日本銀行総裁の座を占めた。川田小一郎・岩崎弥之助・山本達雄がそれである。

日本銀行は、ときの大蔵卿松方正義の建白に基づき明治十五年（一八八二）六月公布された太政官布告「日本銀行条例」によって創立され、同年十月開業した。日銀は、形式的には有限責任の私法人たる中央銀行であるが、欧米先進国の中央銀行とちがって、政府によって上から作られ、創立当初から官立的色彩が濃厚であった。資本金は半額政府出資、総裁は勅任、副総裁は奏任、大蔵卿の監理官が置かれて、少なくも毎月一回大蔵卿への報告が義務づけられるなどと、「日本銀行条例」に規定されていた。

したがって初代総裁には大蔵少輔の吉原重俊、二代目総裁には大蔵大書記官の富田鐵之助がそれぞれ天下った。ところが三代目の総裁には、三菱で活躍した川田小一郎が任命され、四代目には岩崎弥太郎の実弟で弥太郎を継いだ弥之助が、五代目には三菱勤務以来川田の部下であった日銀営業局長・理事の山本達雄が昇格した。こうして三菱系日銀総裁が三代もつづいたのは、どういう理由によるものであったか。

そもそも三菱は、創立当時の日銀から閉め出されていた。三井から三野村利助、安田からは創業者善次郎がそれぞれ日銀の理事に入っていたが、三菱からは誰も役員に入れてもらえなかったばかりでなく、日銀の株式を持つことすら許されなかった。当時は明治十四年の政変で、三菱の保護者大隈重信が政府を追われた直後であった。加うるに、明治十五年七月には、参議・外務卿の井上馨など長州閥の後援を受けて、三井や渋沢栄一による共同運輸会社が設立され、これが郵便汽船三菱会社打倒に立ち上がったところであったから、三菱は時の政府から嫌われ、憎まれていたのである。

「日本銀行条例」には「日本銀行ノ株主トナラントスルモノハ大蔵卿ノ許可ヲ受クヘシ」とあった。大蔵卿は三菱と因縁浅からぬ薩州閥の松方正義であったが、松方が井上など長州閥に気がねをしたのか、いずれにせよ三菱は日銀の株主にならなかった。ところが、それから七年たった明治二十二年九月には、大蔵大臣松方正義の懇請によって川田が日銀総裁に就任し、前記のようにそれ以後三菱系総裁が三代つづいた。このような変化が起こったのはなぜか。

まず第一に、長州閥が特に三菱を敵視する事情は、いちおう解消していた。共同運輸対郵便汽船三菱会社、すなわち三井対三菱の激突は、明治十八年（一八八五）九月の両社の合同・日本郵船株式会社の設立によって落着した。

また川田の日銀総裁就任と相前後して、三菱は日銀の株主にもなった。岩崎弥太郎・弥之助と従兄弟同士であった豊川良平は明治二十二年二月、三菱系の第百十九国立銀行の頭取になったが、彼は日銀の株主でないことは銀行経営上不便であるとして、岩崎家を説き、一株一八〇〇円の相場で二五〇株を買入れ、後には親株に子株が付いて大きな財産となった（鵜崎熊吉『豊川良平』）。

第二に、明治二十二年というと、一方では明治政府の財政難を打開するため、他方では民間事業育成のために行われた官業払下げは一段落し、日本の民間産業が第一期の勃興時代に入ろうとする時であった。産業の発展を助言すべき日銀としては、民間資本家の協力を必要としたから、三井・安田その他の民間資本家に加えて、さらに新興の意気最も盛んな三菱の協力を、必要とした。そして川田小一郎は、その実業家としての手腕・力量が三菱での活動によって試験ずみである上に、当時急激な勢いで勃興しつつあった新興三菱の実力者であった。のみならず、財界全体を見渡しても川田ほどの実力者はいないばかりか、松方をはじめ当時の元老伊藤博文・山県有朋・井上馨などと対等の交際をしている大物であったから、松方蔵相が川田を日銀総裁に選ぶ理由は、じゅうぶんあったのである。

威張りぬいた川田日銀総裁

川田小一郎は数え年五十四歳で日銀総裁となり、病死するまでの七年間その地位にあったが、その間「威張って威張って威張り通した」と言われている（福沢桃介『財界人物我観』）。松方蔵相に対しては、さすがの川田も「さん」付けで呼んでいたが、その後任の蔵相渡辺国武に対しては、「用件があるなら、そちらから来い」といった態度で、川田は蔵相を自邸に呼びつけたと伝えられるほど威張っていたが、川田のこの勢威の背景は何だったか。

その第一は、三菱における活動と閲歴、および三菱の経済界における勢力であった。川田は岩崎弥太郎・石川七財とともにパートナーシップで九十九商会を興して以来、弥太郎を助けて三菱の土台を築き、弥太郎・石川とならんで「三菱の三傑」と呼ばれ、弥太郎臨終のときには、弥太郎は「事業のことは、委細川田氏に聴け」と遺言した。弥太郎没後、岩崎弥之助は三菱会社社長、川田は筆頭管事となっていたが、川田は弥之助よりも十五歳年長であり、三菱における経歴や功績からいっても、川田の勢威ははるかに弥之助を凌ぎ、社長弥之助を圧するものがあった。

その第二は、当時の日銀が金融界および産業界に対して持っていた絶大な権力である。当時の産業資金はもっぱら銀行からの借入れに頼っていたが、その銀行はまた、日銀からの借入れによって産業資金の需要に応じていた。つまり市中銀行は、大きなオーバー・ローンになっていた。というよりも、市中銀行は日銀から公定歩合で借りた資金を産業企業にまた貸しして利鞘をかせぐことが、主業のようになっていた。こうした金融事情を背景にして、日銀および日銀総裁は、金融界や産業界に君臨していた。

その第三は、川田が多くの人材をその部下に集め、これを頤《あご》で使っていたことである。川田自身は土佐藩士の出身で、武士としての素養は身につけていたが、洋式の学問も、外国知識も持たなかった。しかし彼は海外の新知識を学んだ人びとを、たとえば三菱から山本達雄、大蔵省から薄井佳久、海軍から片岡直輝、外務省から河上謹一、鶴原定吉、民間から小泉信吉、高橋是清というように日銀に雇入れ、新たに帝国大学卒業の志立鉄次郎、土方久徴、井上準之助のような俊才を採用した。そして川田は行内に向かってもワンマン振りを発揮したので、日銀の重役および局長らは唯々《いい》諾々《だくだく》として川田総裁の命令に従い、あえて反抗しようとする者がなかったのみならず、みな総裁の信任を失うまいと努めた、ということである（三宅晴輝『日本銀行』）。

日銀総裁としての川田の業績は、㈠明治二十三年の恐慌に対処して日本銀行が株式担保の貸出に大々的に乗り出すという方針を決定したこと、㈡国立銀行の普通銀行転換を所期の方針どおり促進することによって、日本における銀行券発行の集中主義を確立したこと、㈢明治二十七、八年の日清戦争の戦費の調達を円滑にしたこと、および㈣日清戦争終了後、賠償金を引当てにして積極政策を打ち出したことであった（吉野俊彦『歴代日本銀行総裁論』）。

川田が日清戦争における戦費調達の功によって明治二十八年、勲三等に叙せられ、男爵を授けられたことは「概観」でも一言した。川田は民間財界人としての授爵第一号であった。

日銀大総裁としての岩崎弥之助

川田小一郎が日銀総裁在職中に死去すると、明治二十九年九月以来、第二次松方内閣を組織して首相兼蔵相になっていた松方正義は、同年十一月、岩崎弥之助を日銀総裁に据えた。これよりさき、松方と岩崎は二重の姻戚関係を結んでいた。「川田小一郎が日本銀行総裁であったとき、川田の媒酌によって弥之助の甥の久弘と、松方大蔵大臣の娘とが結婚した。それからまた松方正義の次男の正作に、弥之助の娘が嫁にいっている」(吉野俊彦、同上)。

岩崎弥之助は日銀総裁に就任したとき、数え年四十六歳の働き盛りであったが、このときすでに三菱合資会社の社長を兄弥太郎の長男久弥にゆずり、自分は「監務」という役職を新設して、その職につき、後見役にまわっていた。しかし、弥之助が依然として三菱経営の実権をにぎっていたことは、たとえば、弥之助の正伝(『岩崎弥之助伝』上・下巻)が、「弥之助時代の三菱」を久弥の三菱合資会社社長就任の時点(明治二十六年十二月)で打切らず、弥之助死去の時点(明治末年)までとしていることからも容易に推察される。

いずれにせよ、岩崎弥之助が川田とともに日銀の大総裁と呼ばれたのは、弥之助が三菱王国の二代目の当主として、経済界の第一の実力者であったからであり、また、やがて「時勢の変化に即応して適切な金融政策の大転換を断行した」からである(吉野俊彦、前掲書)。

ところで同じ「大総裁」でも、川田はほとんど日銀に顔を出さず、理事・行員を自邸に呼びつけて命令するのを常としたのに対し、岩崎総裁は毎日几帳面に日銀に出勤し、書類にもたんねんに眼を通し、役員会を民主的に運営した。岩崎は「川田老人は豪傑だからあの流儀でやれたが、あの流儀を一般に当てはめることはできない。私は、豪傑でなくともやれるような慣例を作っておくのだ」という理由で、このような態度をとっていた。

日銀総裁としての岩崎の在任期間は、わずか二年足らずであった。彼は明治三十一年（一八九八）十月、第一次大隈重信内閣の大蔵大臣松田正久と金利政策について意見が合わなかったため、あっさり日銀を辞職した。しかし岩崎は、辞職の表面の理由を病気のためとした。政策についての政府との衝突という理由にすると、総裁を補佐する理事たちへも責任の及ぶことを、岩崎は恐れたのであった。岩崎の在任期間は、かくして二年足らずに終わったが、その期間内に岩崎は少なくも三つの大きな業績を残した。

その第一は、金本位制度の施行にともなって、金融政策の画期的な大転換を行ったことである。明治三十年六月、日銀は個人取引を開始するとともに、担保品付手形割引を廃止した。これらの政策は市中銀行が公定歩合で日銀から借りて、これを事業会社にまた貸しする「鞘取り」を抑制しようとするものであった。「個人取引の開始、担保品付手形割引の廃止、この二つを中核とした金融政策の変革は、金本位制度の採用にともなって明治三十年代から徐々に日本の金融が正常化していった有力な要因であったことは疑いをいれない。岩崎総裁こそは実に日本における預金銀行主義の確立者であり、日本の金融史上忘れてはならない人である」（吉野俊彦、前掲書）。

岩崎総裁の第二の業績は、金本位制度の実施にともなって正貨準備の重要さがいよいよ加重することにかんがみて、外国為替の専門金融機関としての横浜正金銀行と中央銀行としての日本銀行との関係を確立する努力を払ったこと、第三は明治三十一年六月、経済界がひじょうな不況におちいった際、市中金融機関手持ちの国債三、八七〇万円を約半年の間に買上げ、日本銀行がきわめて原始的な形であるが、とにかくオペレーションを開始したことである（同上）。

岩崎弥之助と政界・政治家

明治三十一年（一八九八）十月、日銀総裁を辞任した岩崎弥之助は、そのときまだ四十八歳の若さであったが、それ以後再び財界の表面に立たなかった。がしかし、三菱の財力を背景として、伊藤博文と大隈重信との提携を画策したり、松方正義と大隈との握手をはかったりして、政界の裏面で活動した。

弥之助の兄岩崎弥太郎が当路の大官を動かして、これを事業活動に利用する「政商」であったことは、『無類保護三菱会社内幕秘聞録』（明治十五年）以来多くの人によって書き立てられた。そして、弥太郎との関係の特に密接であった政治家として、土佐の後藤象二郎、佐賀の大隈重信、薩摩の大久保利通、松方正義などが挙げられている。

これに対し岩崎弥之助は一般に「政治嫌い」だとされているが、しかしじつはそうではなかったのだと、たとえば白柳秀湖はつぎのように書いている。

岩崎弥之助は表面は「政治嫌ひ」を装ひ「守成」を表看板にして兄〔弥太郎——引用者〕

の没後、只管《ひたすら》其遺した事業の整理と社運の挽回とに努めるもののやうであつたが、実は決してさうではなく、彼は一つの政治的理想があつて常にその昵懇《じつこん》の人に語つて居た。曰く、日本の政治家中、真に国家の運命を託すに足るべき経綸と手腕とを有するものは、伊藤〔博文——引用者〕と大隈〔重信〕とである。然るに維新以来、此両雄が常に相反目し、犬猿も啻ならざる関係にあるのは、惜みても尚ほ余りあることである。何卒此両雄の間に蟠《わだかま》る従来の誤解を去り、新興日本の為に満腹の経綸を行はせて見たいと。之が弥之助の肚裏に炎々たる理想の火であつた。彼はよく此理想を昵懇の人に洩した。（白柳秀湖『西園寺公望』）

弥之助の正伝もまた、このことを認めている。それらの文献を参考にして、岩崎弥之助と政界との関係をまとめると、つぎの如くである。

時代は岩崎弥之助の日銀総裁就任以前にさかのぼるが、明治二十一年（一八八八）二月、首相伊藤博文は閣僚の猛烈な反対を押しきり、世間の予想を裏切って大隈重信を外務大臣として入閣させた。「明治十四年政変」で長州閥が大隈参議を追放して以来のことである。大隈を伊藤に推薦したのは黒田清隆であり、黒田の背後には後藤象二郎が、後藤の背後には岩崎弥之助がいた。

それに引きつづいて同年四月成立した黒田清隆内閣に同じく外務大臣として大隈が入閣

したのは、やはり岩崎弥之助の仲介・斡旋によるものであり、さらに明治二十二年（一八八九）三月、後藤象二郎が逓信大臣として入ったのも、岩崎弥之助の筋書によるものであった。後藤は弥之助の妻早苗の父だから、弥之助は後藤の娘婿である。なおこのときは、川田小一郎と豊川良平が、秘かに後藤と政府との間を奔走したが、松方（蔵相）・大隈・後藤の入閣した黒田内閣は、白柳秀湖によって、最初の三菱内閣だと評された。

明治二十三年（一八九〇）十一月、日本にはじめて国会が開かれることになるが、その後も岩崎弥之助は、大隈と薩長閥とを結びつける努力をつづけた。明治二十九年（一八九六）八月、第二次伊藤内閣瓦解ののち同年九月、第二次松方内閣が成立するが、この内閣は松隈内閣と呼ばれた（首相松方、外相大隈）。この松隈提携を斡旋したのも岩崎弥之助であり、進歩党の犬養毅や大石正巳がこれらの間を周旋した。のち明治三十年（一八九七）三月、岩崎弥之助から大隈外相に大石を推薦し、同年四月大石は農商務次官に起用された。松隈内閣は黒田内閣よりもいっそう純粋・透明な三菱の内閣であったと評され、この内閣成立のとき弥之助はひそかに祝盃を挙げたといわれている。

また、松隈内閣について現れた第三次伊藤内閣（明治三十一年一月成立）が組織される直前には、伊藤博文や井上馨が日銀総裁の岩崎弥之助に会い、大蔵大臣として入閣することを岩崎に要請した。しかし弥之助はそれを固辞し、かわって井上馨が大蔵大臣になった。そして、この内閣について、弥之助は伊藤・大隈・松方の提携を希望したが、この提携は実現を見なかった。

政界黒幕としての岩崎弥之助

弥之助が蔵相をことわった理由としては、正伝は母美和の反対をあげている。それも一つの理由ではあろうが、もともと弥之助は、政治の表面に立つことをきらった。明治二十三年(一八九〇)九月、渋沢栄一、川田小一郎、森岡昌純(日本郵船会社社長)、奈良原繁(日本鉄道会社社長)、富田鉄之助らとともに岩崎弥之助は実業界の代表として、貴族院議員に勅選された。がしかし弥之助は、翌年一月、在職一年ののち議員を拝辞した。

また明治二十九年(一八九六)六月、弥之助は「経済発展の功により」、久弥は「父弥太郎の経済発展の功により」、ともに男爵を授けられたことは「概観」でも述べたが、このとき弥之助は授爵拝辞の手続きをとろうとし、宮内次官田中光顕の説得によりようやく拝辞を思い止まった。このことは政界の表面に立つことをきらった弥之助の処世態度を反映している。

さて政界の黒幕としての弥之助の活動は、その後もつづく。明治三十四、五年ごろ、桂太郎(第一次)内閣を倒すために、当時政友会総裁であった伊藤博文は大隈重信との提携を希望したが、そのころ弥之助は加藤高明や大石正巳と相談して、しばしば両者を会談させた。が、この提携は破れ、伊藤は桂の背後にある山県有朋支持に傾いた。その結果、日露戦争をはさんで長期にわたる桂太郎の政権がつづくことになり（第一次、二次、三次桂内閣）、そのころには、岩崎＝三菱は桂支持に変わって、三菱合資会社の銀行部長豊川良平は、桂にいろいろと献策をする。

かくて岩崎弥之助は政界の黒幕として終始したが、岩崎家の姻戚のなかからは、加藤高明、幣原喜重郎という、二人の政治家が輩出した。この二人とも岩崎弥太郎の娘婿で、二人は義兄弟である。加藤は、東京大学法科大学を卒業し、三菱会社勤務を経て明治二十年外相井上馨の下に外務省に入り、ついで大隈外相の秘書官、駐英大使、第四次伊藤内閣の外務大臣、衆議院議員という経歴をたどるが、こうした出処進退のすべてについて、加藤は常に岩崎弥之助および豊川良平と協議していた。

その後加藤は桂太郎と結んで立憲同志会を組織、大正二年十二月その総裁に就任したが、同志会は憲政会となり、のちさらに民政党になった。加藤は大正五年（一九一六）十月、憲政会総裁となってから大正十三年（一九二四）六月、政権の座につくまで、三井を背景に持つ政友会に圧されて「苦節十年」の野党時代をすごす。その一〇年近い「苦節」のなかで憲政会をまとめていくことができたのは、三菱の財政的後援を得ていたからであった。加藤の死後（大正十五年一月没）、憲政会（民政党）と三菱の間に立って資金のパイプ役を受けもったのは、仙石貢であった。仙石は鉄道大臣や南満州鉄道株式会社の総裁をつとめた。

三菱と日清・日露両戦争

日清戦争および日露戦争に際し、三菱が政府に協力を惜しまなかったこと、および政府がこれに酬いたことは「概観」で触れたから、ここには繰返さない。ただ、当時三菱の完全な支配下に入っていた日本郵船株式会社が、その社船を挙げて軍事輸送に活躍したことだけを付け加えておく。また岩崎弥之助・久弥の両男爵が、明治三十八年十~十一月、日本海海戦で大功を立てた東郷海軍大将麾下の連合艦隊将兵六、〇〇〇人を二度に分けて、東京駒込の岩崎別邸（庭園の広さ三万余坪）に迎え、盛大な祝勝園遊会を催したことを記録しておく。

事業経営の面では、日露戦後、三菱合資会社は明治三十九年（一九〇六）四月、上海と香港にはじめて支店を、漢口に出張所を開設した。さらに明治四十二年（一九〇九）北京に出張所を開いて、日清間および清国・第三国間の貿易に着手し、湖北省大冶鉄鉱石の八幡製鉄所への輸送を開始した。

また韓国統監伊藤博文と韓国統監府農工商務総長木内重四郎（岩崎弥太郎の次女の婿）の勧誘により、岩崎久弥個人の事業として明治四十年（一九〇七）、韓国において米作の地主的経営に着手し、明治四十三年（一九一〇）日韓合邦が成立すると、三菱合資会社は朝鮮兼二浦の製鉄所建設を計画し、調査と鉄山買収を開始した。

3 中上川彦次郎＝明治期三井の改革者

中上川彦次郎

「政商」としての三井

三井は「近世特権商人の政商化」の典型とされている。八郎兵衛高利が延宝元年（一六七三）江戸本町一丁目に呉服店越後屋を開き、ついで天和三年（一六八三）江戸駿河町に両替店を開いて以来、三井は明治維新までに、商人として二〇〇年近い歴史を持った。越後屋は元禄二年（一六八九）徳川幕府の元方御納戸《もとかたおなんど》御用となり、両替店の方は元禄四年（一六九一）幕府の金銀御為替御用達となった。その特権商人としての経歴は長い。

ところが明治維新を眼前に控えた慶応三年暮に、三井は幕府を見限って朝廷方に転向し、朝廷の御用達となった。その後の三井が明治政府から手厚い保護を受け、その保護の下にますます富み栄えていったのは、このときの素早い転身のお蔭である。この転身を決断したのは、当時京都にいた三井惣領家の当主八郎右衛門高福《たかよし》と、その長男次郎右衛門高朗《たかあき》であり、高福は当時六十歳、高朗は三十一歳であった。

三井は慶応三年（一八六七）十二月、太政官金穀出納所に金一、〇〇〇両を献上したのにつづいて、慶応四年正月薩摩藩へ軍資金若干を提供、また小野組・島田組とともに朝廷のために一万両を調達、二月には太政官会計事務局より改めて為替方御用を命ぜられ、小野組・島田組とともに会計基立金《もとだてきん》三〇〇万両調達の命を受け、まず一〇万両を調達、三月には小野・島田両家と協力して、東征官軍のため軍資三万五、〇〇〇両と白米一、〇〇〇俵を調達――というぐあいに、奉公これつとめた。維新の第一戦で官軍が勝利を占めたのには、小野・島田とともに三井の財力が、大いに貢献している。

それ以後も三井は忠実に新政府の御用をつとめたので、新政府は三井の忠勤を高く評価し、明治五年（一八七二）までに、三井はつぎつぎと政府の御用を承った。明治元年九月、会計官御用達、明治二年、東京会計官より為替方頭取、東京通商司貿易商社総頭取、東京において通商司為替会社ならびに貸付方総頭取、大蔵省より開拓使御用掛総頭取を仰せつけられる――など。

そのほか、第1章の「渋沢の政商・財閥育成」の項でも一言したように、明治四年十月、三井は大蔵省兌換証券（「三井札」）発行の委託を受け、五年一月には開拓使兌換証券発行の委託を受けるなど、三井の信用を背景とする政府紙幣を発行することによって、財政資金調達に貢献した。だから政府はこれらに酬いるため、官金取扱いや地租として取り立てる貢米の取扱いなど、かずかずの利権を三井に与えた。明治政府（薩長藩閥政府）が明治九年、三井にはじめて私立銀行（三井銀行）の設立を許したのも、大きな特例・特典であった。

三井銀行は三井組の業務を継承して設立されたもので、政府を動かして設立の運びまで持っていったのは、三野村利左衛門であった。「政商」として縦横に活躍した三野村は、三井の「中興の功臣」と呼ばれた。三井銀行は公金の取扱いと一般の金融を業務とし、三井の事業の中核を形成した。

　銀行とともに、物産および鉱山は、三井の三本柱として後年の財閥形成の根幹となるが、三井物産と三井鉱山の基礎を築いたのは、益田孝であった。益田は井上馨に知られて大蔵省に入ったが、明治六年（一八七三）五月、井上が大蔵大輔を辞めて下野すると、渋沢栄一とともに益田も官を辞して、井上の創立した商事貿易会社・先収会社に入り、社長井上の下で副社長となった。が、明治八年二月、井上は再び官途につくことになり、先収会社は創業三年余りで解散した。それを機会に、三井が先収会社の営業を受けついで貿易に乗り出すことになり、三野村利左衛門が井上馨に交渉して、益田孝・木村正幹などの人材と先収会社の営業のうち有望なものを三井に引きつぐことにした。これに、三井が江戸時代から行っていた国内商業（伊豆国島方会所　国産方）とを合わせて設立されたのが三井物産会社で、設立は明治九年七月、益田はその総括（のちに社長）となった。

　益田孝はもともと井上馨の人脈に属していたから、同じ長閥の工部卿伊藤博文を動かして、三井物産は開業早々、官営三池炭鉱の石炭の一手販売権を獲得した。益田は三池炭を上海・香港・シンガポールなどへ船用焚炭として輸出し、三井物産は三池炭によって年々大きな利益を挙げた。さらに明治二十一年（一八八八）八月、益田の活躍によって三井は三池炭鉱の払下げを受けることに成功し、これを三池炭鉱社として経営することになった。さらに明治二十五年（一八九二）三池炭鉱社とその他の鉱山を合わせて三井鉱山合資会社を設立し、同社も三井のドル箱となっていった。

右のように、明治以来の三井の発展は、三野村利左衛門と益田孝の政商活動に負うところ大きかったが、藩閥、特に長州閥と三井との密着は、必ずしもプラスばかりを三井に与えなかった。他方では例えば、藩閥権力者への三井銀行からの情実による不良貸出が巨額にのぼる、という事態が現れてきた。こうした藩閥との悪因縁を絶ち切り、三井をして近代的資本家として脱皮させねばならぬという課題が、日程にのぼるようになった。それは明治二十三、四年のことで、このとき登場してくるのが中上川《なかみがわ》彦次郎である。

中上川彦次郎の出自と経歴

中上川彦次郎（安政一～明治三十四年・一八五四～一九〇一）の四八年の生涯は、（一）出生より修学および教師時代（安政元年八月―明治七年九月）、（二）洋行より在官時代（明治七年十月―十四年十月）、（三）時事新報時代（明治十四年十一月―二十年一月）、（四）山陽鉄道時代（明治二十年二月―二十四年七月）、（五）三井関係時代（明治二十四年八月―三十四年十月）に分けることができるが（『中上川彦次郎伝記資料』）、本書では、最後の三井における中上川の活動だけに限って記述する。

中上川彦次郎は安政元年八月十三日（西暦一八五四年十月四日）豊前国中津（大分県中津市）に生まれた。父は中津藩（奥平家）につかえる下級武士で、中上川才蔵、母は同じ藩の福沢百助の娘えん（婉）で、福沢諭吉の姉であった。彦次郎にとって福沢諭吉は母方の叔父に当たり、彼がこの偉大な叔父をもったことは、彼の全生涯に大きな影響を及ぼした。

彦次郎は明治二年（一八六九）、数え年十六歳のとき上京して福沢諭吉のもとに寄寓し、諭吉の主宰する慶應義塾に学んだ。諭吉は彦次郎より二十歳年長で、当時三十六歳であった。明治七年（一八七四）十月、彦次郎は同じく諭吉の弟子・小泉信吉（信三の父）とともにイギリス留学に出発し、明治十年（一八七七）二十四歳のときまで足かけ四年間イギリスに滞在するが、その学資は諭吉が出してくれた。

このイギリス留学中に彦次郎は井上馨に知られ、イギリスから帰ると間もなく、明治十一年（一八七八）工部卿井上馨の推薦で工部省に入り、ついで翌年井上が外務卿になると、彦次郎も外務省に移って、やがて公信局長に昇進する（外交通商事務や海外外交官との連絡を担当）。

しかし、明治十四年（一八八一）の政変で、大隈重信が下野すると、福沢諭吉と大隈との密接な関係から、中上川彦次郎は大隈派と見られ、中上川もまた官界を去って、それ以後は民間の活動に終始することになる。それ以後、中上川は福沢を助けて『時事新報』の経営に当たり（明治十四〜二十年）、ついで三菱と関西財界（藤田組その他）との共同事業である山陽鉄道会社（のちの国有鉄道山陽線）の社長として活躍する（明治二十年二月〜二十四年七月）。

だが中上川の雄大な構想が、山陽鉄道会社の関西系大株主たちの理解するところとならなかったため、中上川は同社社長の地位にいや気がさすようになったが、ちょうどそこへ井上馨から三井入りを勧められ、中上川は山陽鉄道会社を辞めた。その後任には、関西財界の大物・松本重太郎が選ばれた。

中上川彦次郎が三井家の「大顧問」井上馨の推薦で私盟会社（無限責任の株式会社）三井銀行に入ったのは、明治二十四年（一八九一）八月であった。中上川はまず同行の理事に就任し、ついで翌二十五年二月同行副長に選任され、実質的に同行の実権を握った。ときに中上川は数え年三十九歳であった。

それから九年後の明治三十四年（一九〇一）十月、中上川は合名会社三井銀行専務理事在職中に四十八歳で病没するが、そのとき彼は三井家同族会事務局評議会評議員、三井営業店重役会会員、三井物産合名会社理事、三井鉱山合名会社理事、鐘淵紡績株式会社会長（社長は空席）という三井関係の要職を一身に担っていた。

三井資本の工業化

中上川彦次郎が三井からの招聘を受けたころ、三井の経営は危機に当面していた。中上川が三井へ入る前年の明治二十三年（一八九〇）は、日本がはじめて資本主義的な恐慌にみまわれた年であるが、日本最大の富豪三井家も、積年の経営上の失敗とこの恐慌の打撃のため、一大危機に直面していた。たとえば、その主力である私盟会社三井銀行は、明治二十三年末現在で一、八三二万円の貸出を行っていたが、そのうち六〇八万円、全貸出の三二％強が、不良貸出であった。そして明治二十四年七月には三井銀行京都分店が四日間にわたって預金の取付けにあい、日本銀行大阪支店などの援助を仰いで、ようやく急場を切り抜けた。こうした三井を建て直すため、中上川が三井に招かれたわけである。

日清戦争をはさむ前後一〇年間、中上川は三井の建直しと改革に活動するが、その業績の第一は、三井銀行の不良貸金を整理し、同行の経営を建て直し、これを近代的商業銀行に改めたことである。これは同時に、明治維新以来、「政商」としての三井と藩閥政治家たちとの間に生まれたくされ縁を断ち切ることでもあったが、中上川はこれを断行した。前記の不良貸出の多くは、そうした藩閥政治家たちとの情実にからまるものであった。

たとえば長州閥の第三師団長桂太郎陸軍中将が、その実弟の借金の抵当として三井銀行に差し入れてあった東京赤坂高樹町の同中将の邸宅や、薩州閥の巨頭松方正義の実兄が、共同借入れの抵当として差し入れてあった旧薩摩屋敷跡の土地数万坪などを、これら権力者との摩擦を恐れることなく、中上川は容赦なく処分した。

中上川を三井に推薦した井上馨は、いうまでもなく長州閥の巨頭であるが、三井の「大顧問」である井上は、三井銀行の不良貸出の主な相手がこうした権力者であることを知っていた。しかし井上は、「政府の役人の邸を今取上げると云ふ如きことは行ふべからず、徒らに怨を買ひて始末悪しかるべし」という意見で、これらに手をつけないで処理することを考えていた（三井本社編『三井本社史』）。

こうした井上の意向に反して、中上川は峻烈な取立てを敢行したから、三井銀行の不良貸出のほとんど全部を明治二十七年ごろまでに、約三年間で整理してしまった。しかしその反面、中上川は井上の不興を買い、次第にその支持を失って、彼自身の健康の衰えとともに、やがて三井内部における中上川の勢力は衰退し、失意の晩年を送ることになる。

中上川の業績の第二は、三井の資本を鉱工業に積極的に投資し、それまで金融と商業の範囲に限られていた三井の事業を鉱工業の分野にまで拡大し、折からの日清戦争を契機とする日本資本主義勃興の波に乗って、三井を産業資本家にまで脱皮・成長させたことである。

明治二十七年（一八九四）十月、三井元方の管理下に地所部とともに工業部が設置されたが、これは中上川の主唱に基づいたものであった。中上川に指導された不良貸出の整理の過程で、三井銀行はいくつかの工業企業を傘下におさめた。またそのほかに官業の払下げを受けた事業や、中上川の発意によって新設された諸事業があり、それらを一括して統轄する機関として、この工業部を設けたのである。工業部は各営業店（銀行・物産・鉱山および呉服店）の所有する工場をすべて三井元方が買収し、総合的に経営するもので、専務理事に朝吹英二が任命され、つぎの七つの事業を管理した。

(一) 新町絹糸紡績所(明治二十年官業払下げを受け、従来呉服店で経営していたもの)
(二) 前橋紡績所(明治二十四年に破綻し、二十五年三月営業を停止した東京第三十三国立銀行の抵当流れを競売の結果、明治二十八年六月三井が落札したもの)
(三) 富岡製糸所(明治二十六年九月官業払下げ)
(四) 大嶋《おおしま》製糸所(第三十三国立銀行の整理により明治二十六年入手)
(五) 三重製糸場(明治二十七年新設)
(六) 名古屋製糸場(同上)
(七) 芝浦製作所(田中久重に対する三井銀行の貸金の抵当流れとして明治二十六年入手)

また、これよりさき明治二十一年上半期をもって解散した東京綿商社(明治十九年一月創立)の後を三井が引き受けて、明治二十二年八月鐘淵紡績会社が設立されたが、明治二十五年一月、朝吹英二を専務取締役として同社へ送り込むと同時に、中上川は取締役に就任し、ついで二十六年七月その会長(社長は空席)となって、同社の経営に力を注いだ。

なおまた中上川の指揮によって、創立以来三井と関係の深かった王子製紙株式会社(明治六年渋沢栄一の提唱で創立された抄紙会社の改称改組したもの)の経営の実権を、社長渋沢栄一、専務取締役大川平三郎(渋沢の甥)の手から奪って、完全に三井のものとした。まず明治二十六年五月、中上川は藤山雷太を同社の取締役に送りこみ、ついで二十九年六月、藤山を大川とならぶ専務取締役に昇格させた上、明治三十一年になると、中上川は渋沢社長と大川専務の退陣を藤山をして要求させ、同年八月この二人の退陣が実現した。大川は取締役・技師長・工場主管に格下げされて、技術者や職工たちの同情ストライキを誘発する騒ぎになったが、中上川はこれを押し切って、同年九月の株主総会で、全重役を三井が独占した。

さらにまた明治三十二年八月、同じく中上川の指揮によって三井銀行は北海道炭鉱鉄道株式会社の株式四万三、八〇〇株（総株数二四万株の六分の一強）を定期市場で買い入れ、三井による同社支配に向かって第一歩を踏み出した。

三井事業体制の整備

三井における中上川の第三の業績は、明治三十三年ごろまでに、三井元方を中心として三井の全事業に対する管理機構を整備し、後年（明治四十二〜四十四年）の三井の財閥体制確立への道を開いたことである。三井事業体の組織整備の第一着手は、中上川が三井に入った明治二十四年十二月、三井の直系企業（通称営業店または商店）全体を統轄する中枢機関として、「三井家仮評議会」を設置したことである。この仮評議会は三井同族の正会員八名と顧問七名とをもって構成された。顧問には従来からの三井家顧問渋沢栄一のほかに、従来からの三井家の最高クラスの番頭五人と中上川とが任命された。

ついで翌明治二十五年四月に三井鉱山合資会社が設立され、中上川はその委員（重役）に就任した。三井鉱山合資会社は、三井組所轄の神岡鉱山、三井銀行と三井物産共管の三池炭鉱、および三井物産所有の諸鉱山を統合して創立されたものである。

さらに明治二十六年七月には、商法会社篇の施行にともなって、それまで私盟会社であった三井銀行と三井物産、および合資会社の三井鉱山をいずれも合名会社に改め、同年九月には呉服店も合名会社三井呉服店となった。中上川は三井銀行の常務理事となり（社長は三井高保、中上川は使用人重役の筆頭）、ほかに三井物産と三井鉱山の理事を兼ねた上に、明治二十八年七月三井呉服店の相談役となった。

これら四つの営業店（直営企業）の合名会社への改組が行われるとともに、明治二十六年十一月、従来の三井組は三井元方と改称され、中上川は元方委員（重役）となった。それと同時に、さきに設置された三井家仮評議会にかわって、新たに三井家同族会が設置された。三井家同族会は同族一一人の正会員、同族の隠居・成年推定相続人・三井各店の七人の重役から成る参列員（議決権を持たない）、および顧問渋沢栄一から構成されていた。この同族会は三井の財政・営業・人事の最高決議機関で、中上川は上記の参列員に選ばれていた。

さらに明治二十七年十月には、前にも一言したように、三井元方の下に地所部と工業部が設けられ、工業部には七つの工業事業が所属していた。

このようにして、三井の事業体は、三井家同族会を頂点としてその下に元方（地所部・工業部および工業部支配下の七事業）と四つの合名会社、ならびに関係会社としての鐘紡・王子製紙をもって形成される「企業集団」に編成された。この企業集団は、明治四十二年には、三井合名会社を持株会社とする三井コンツェルンに発展するが、その基礎はこのようにして中上川の時代に築かれるのである。

そして、明治二十九年九月になると、三井事業体の中央管理機構は再度改革され、三井商店理事会が新設される。これは、「三井銀行、三井物産会社、三井鉱山会社、三井呉服店、三井地所部及ビ三井工業部（以下各店ト称ス）ノ業務施行ニ付評議ス」る機関として設けられ、理事会の会員は、各商店重役のなかから三井家同族会が選任した。当初の会員は西邑虎四郎《にしむらとらしろう》・中上川彦次郎（以上三井銀行）・益田孝・上田安三郎（以上三井物産）・団琢磨（三井鉱山）・朝吹英二（工業部）・高橋義雄（呉服店）の七人であった。三井商店理事会は、その後明治三十三年七月、三井営業店重役会と改称されるが、それまでの間、各事業部門の中央管理機関として三井元方重役会よりも実質的な役割を果たした、とされている。

中上川による改革の意義

右のように、中上川彦次郎は三井銀行の不良貸付を整理して経営を刷新し、三井の鉱工業部門を拡大し、さらに三井の事業体制を整備してコンツェルン化（財閥化）への道を開いた。すなわち、中上川の功績の一つは、三井資本のために産業資本への転化の道を開いたことにあり、このことは、日本の産業資本の形成に大きく貢献した。がこの改革は、その成功の反面において多くの摩擦と対立抗争を引き起こした。その最大のものは、三井物産（商業主義）を代表する益田孝とのそれであった。それは、益田の「商業資本主義」対中上川の「工業資本主義」の対立であった。

中上川の企画が着々成功して、「殆ど後光を発せんばかりの盛観を呈した」のは明治二十七、八年より三十一年一ぱいで、これが彼の業績の全盛期であった（高橋義雄『箒のあと』上）。明治三十年に入ると日清戦後の不況がおとずれ、中上川の手がけたほとんどすべての工業企業の経営が悪化し、その結果、明治三十一年十二月になると、三井元方工業部が解体されて、新町・前橋の両紡績所および富岡・大嵜・名古屋・三重の四製糸場はいずれも三越呉服店に吸収され、呉服店に新設された工業部の所轄となる。また芝浦製作所は、三井鉱山会社の所轄に移される。

そこへ明治三十二年十一月以来、中上川は腎臓病に冒され、活動力が急激に衰えるとともに、井上馨の不興を買った中上川に対し、井上の後援をたのむ益田孝の側からの中上川の経営戦略への反撃が高まり、三井部内における中上川の勢力は、急速に衰えていく。そして中上川は明治三十四年七月、病状悪化のためいっさいの経営活動をはなれ、同年十月に世を去っていく。

（中上川・益田の対立・抗争については拙著『三井物産会社の経営史的研究』、昭和四十九年、東洋経済新報社、第二部第五章「経営戦略の対立と人事の葛藤」を参照願えれば幸せである）。

専門経営者時代の先駆

ところで中上川彦次郎の三井時代は、明治二十四年八月から三十四年十月までの足かけ一一年にすぎない。そのうち明治三十二年十一月以後は病気がちであったから、正味の活動期間は八年余りということになる。これを前述の渋沢栄一や岩崎弥之助にくらべると、実業家としての活動期間も短く、その活動範囲も狭かった。

しかし、中上川は渋沢や岩崎にはない特色を持っている。それは同じ実業家といっても、渋沢が高級官僚―銀行経営者―財界大御所の道を歩み、岩崎が資本家経営者―中央銀行総裁―政界黒幕として活動したのに対し、中上川は専門経営者一筋の道を歩んだことである。中上川は日本における専門経営者の先駆であり、しかもすぐれた専門経営者であった。のみならず、多くの専門経営者を育成して、これをその没後に残し、日本における専門経営者時代を招来する上に大きく貢献した。中上川の正伝作者・白柳秀湖は、その点の中上川の業績をつぎのように評価している。

彼の三井改革は、やがて日本の実業家なるものの品性及び素質を一新させる仕事であった。中上川が現はれて財界の心臓ともいふべき三井家の各部に学問・素養ともに、従来のいはゆる実業家と全く異る新人物を置き、産業自主の理想の下に、如何なる権威の圧迫にも屈せず、如何なる威力の誘惑にも従はぬ幾多少壮有能の士をその股肱として、驀然その目的に向って猛進させたことは、やがて実業界全般の地位を高め、その空気を清新にし、名実ともに全く産業日本の仕上工作を完うしたものでなくて何であらう。（白柳秀湖『中上川彦次郎伝』）

中上川は三井の改革を行うために、明治二十四年から二十九年までの間に、主な人材だけでも二〇人を三井銀行に採用して、行内に人脈・派閥を作り、これらの人びとを「その股肱」として存分に駆使した。中上川に育成されたこれらの人びとは、後年いずれも財界・政界で重きをなした。以下三井銀行への採用年次順に、これらの人びとを紹介する（カッコ内は、採用時の年齢）。

明治二十四年採用……朝吹英二（四十二歳）は鐘淵紡績株式会社専務理事、三井元方工業部理事として活動し、のち王子製紙株式会社取締役会長、三井合名会社参事となった。

明治二十五年採用……津田興二（四十一歳）は三井銀行本店に勤務し、のち富岡製糸所所長となった。村上定（三十六歳）は三井銀行本店抵当係として採用され、後年共同火災保険株式会社専務取締役となった。藤山雷太（三十歳）は三井銀行本店抵当係長のち芝浦製作所長、王子製紙株式会社専務取締役、大日本製糖株式会社社長。中上川の妻の妹と結婚。戦後外務大臣や経済企画庁長官を歴任した藤山愛一郎の父である。野口寅次郎（二十八歳）は三井銀行本店担保係長でのち製糸工場・大嶋《おおしま》社工場長となった。

明治二十六年採用……和田豊治（三十三歳）、三井銀行横浜支店次席であったが、三井元方工業部勤務、鐘淵紡績株式会社本店支配人となり、後年富士瓦斯紡績株式会社社長、「財界世話役」として活躍した。武藤山治（二十七歳）は三井銀行本店調査係であったが、のち和田豊治のあとをつぎ鐘淵紡績株式会社本店支配人、ついで同社社長、時事新報社長となった。戦後鐘淵紡績社長を勤めた武藤絲治の父である。西松喬（二十九歳）は三井銀行青森支店長であった。

明治二十七年採用……波多野承五郎（四十一歳）は三井銀行本店調査係長であったが、のち三井銀行理事、三井合名会社参事となった。鈴木梅四郎（三十三歳）は三井銀行本店調査係から王子製紙株式会社専務取締役となり、のち衆議院議員、国民党幹事長を勤めた。柳荘太郎（三十三歳）は、三井元方工業部富岡製糸所勤務から、のち第一火災海上保険株式会社社長となった。戦後三井銀行社長となった柳満珠雄の父である。小野友次郎（三十一歳）は三井銀行大阪堂島出張所主任、のち三井銀行監査役となった。小出収（三十歳）は三井銀行本店勤務から三井元方工業部勤務、ついで富岡製糸所所長となった。

明治二十八年採用……矢田績（三十六歳）は三井銀行本店秘書課主任から三井銀行監査役となり、のち東神倉庫株式会社常務取締役となった。池田成彬（二十九歳）については、のちに第6章でとりあげるが、三井銀行本店調査係から三井銀行常務取締役・三井合名会社常務理事・日本銀行総裁・大蔵大臣・枢密顧問官となる。中上川の長女と結婚した。藤原銀次郎（二十七歳）は三井銀行本店調査係から富岡製糸所支配人となり、後年王子製紙株式会社社長として財界の大物となり、商工大臣にもなった。

明治二十九年採用……平賀敏（三十八歳）は三井銀行本店調査係から三井銀行名古屋支店長となり、後年阪神急行電鉄株式会社社長となった。日比翁助（三十七歳）は三井銀行本店整理係から三井銀行和歌山支店長となり、後年三井呉服店の経営を引き受けて、三越株式会社取締役会長となった。林健（三十四歳）は三井銀行本店勤務から三井銀行下関支店支配人兼門司支店長、三井銀行監査役となった。伊沢良立（三十歳）は三井銀行小樽支店支配人から三井物産会社大阪支店長、住友銀行本店副支配人、大日本製糖株式会社常務取締役となった（以上主に白柳秀湖、前掲書にもとづく）。

これら二〇人全部に共通することは、まず第一に慶應義塾の出身であること、第二に、いずれも中年から入行したこと、第三に、その大部分が新聞記者の経歴を持つことであった。すなわち上記のうち野口・鈴木・小野・池田・伊沢は福沢諭吉の『時事新報』記者、津田・村上・武藤・藤原・波多野・柳・小出・矢田・林はその他の新聞の記者出身であった。残り六人のうち藤山は県会議員、平賀は中学教師や宮内省属官の経歴を持ち、実業界の経験を豊富に持つものは、朝吹・和田・西松・日比の四人にすぎなかった。

中上川は「旧来の人物中稍物の役に立つべき者の外は、慶應義塾出身者を、どしどしと採用し、……啻に之を採用せしのみならず、藤山雷太氏に夫人の妹を縁付けたり、後年三井銀行常務取締役として枢要な位置に立った池田成彬氏に其長女を嫁はせたりしたのは、部下に同心一体の人物を集め置くのは、畢竟己が奉公する三井の為めに利益である、と云ふ見地より、世間の毀誉褒貶などに頓着せぬ、中上川一流の見識であった」（前掲『篳のあと』上）。

こうした人事は、いたずらに学閥・派閥をつくるものとして中上川に反感を持つ人びとから攻撃の的にされ、中上川の威力の低下とともにいっそう非難は高まったが、中上川はいっこうそれを気にしなかった。これも、中上川の一見識であった。

4 住友吉左衛門＝明治・大正期住友の象徴的君主

住友吉左衛門

「政商」としての住友

住友は三井とともに、「近世特権商人の政商化」した代表的なものだとされているが（楫西光速『政商』）、住友が近世特権商人であったことは、まちがいない。住友家には業祖と家祖があり、業祖蘇我理右衛門は天正十八年（一五九〇）京都で銅吹き屋を開業した。その長男友以《ともち》が住友家の家祖政友の婿養子となっていらい、住友は製銅業者となった。友以は寛永七年（一六三〇）大阪に本拠を移して銅精錬・銅貿易・輸入貿易などにより家業を発展させた。ついで寛文十年（一六七〇）住友の一族に十人両替に選ばれるものが現れ、天和元年（一六八一）には備中・吉岡銅山を、元禄四年（一六九一）には別子銅山を稼行して、住友は幕府御用銅山師となった。住友は、長崎貿易における輸入交換財（御用銅）を供給することによって、近世特権商人として幕府から種々の恩典を与えられた。

ところで、この住友が「政商化」の道をたどったとされるのは、官軍による別子接収および大阪本家銅蔵封印の際の、大番頭広瀬宰平《さいへい》の目ざましい活動を指すものであろう。

慶応四年（一八六八）一月、官軍による徳川慶喜の追討がはじまると、朝廷から土佐藩に対して四国平定の命令が下った。そこで土佐の軍勢は高松、松山などの諸藩を平定し、伊予にあった幕領をその手中に収めたのち、同年二月、川田元右衛門のひきいる一隊は別子銅山に赴いて、これを「征伐没収《せいばつもっしゅう》」することになった。川田はのち小一郎と改名し、岩崎弥太郎の片腕となって三菱の基礎を築き、さらに日本銀行総裁となって活躍する人物で、川田については「2　岩崎弥之助」の章で触れておいた。

右のように住友は幕府の御用銅山師であり、幕府や諸大名に献金や融資をも行っていたから、朝敵視されたのは当然であろうが、住友にとって別子銅山の没収は死活の問題であるから、広瀬は川之江にあった川田隊長の陣屋に赴いて、陳情これつとめた。川田順の回想（『続住友回想記』）によると、広瀬は赭《あか》ら顔の偉丈夫で、平清盛を思わせるような人物であった、という。豪胆不羈、機略縦横の男で、そのころ四十一歳の働き盛りであった。

これに対し川田小一郎もなかなかの豪傑で、当時三十三歳の血気旺んな武士であった。この川田を相手に広瀬は徹夜で談判し、別子は幕府の直営ではなく、住友自前の経営にかかるものであること、また百数十年にわたって住友が苦心経営し、銅を産出することによって国益に寄与してきたこと、これを没収することが果たして国家のためになることかどうかなどと、縷々陳弁した。そこで川田は、すべては「天朝に申上げてその上で最後的な態度をきめるから、いっしょに京都までついて来るように」と広瀬を伴って、大阪、京都へ同行することになった。

そこで広瀬は川田に従ってまず大阪へ行き、住友の邸に川田を泊めて歓待し、両者相談の上、川田は土佐藩士の資格で正面から太政官に上申し、広瀬は伝手《つて》を求めて新政府の実力者である議定・副総裁の岩倉具視に嘆願することになった。これよりさき、大阪住友本家の銅蔵にある御用銅も薩摩藩の手ですでに封印されており、これを解除してもらうことも必要であった。それらを懇願すると同時に、銅山の製錬用の薪炭を確保する必要上、住友は別子銅山付近六カ村の拝領をも願い出た。

その代わりにこれらが許されるならば、永代御冥加奉謝として、毎年製銅一、五〇〇貫目を朝廷へ献上すること、土佐藩には毎年五〇〇貫目を上納すること、および別子の産銅から吹き分けた金を献納することを申し出て、新政府および土佐藩への忠誠を表明した。またそのころ、土佐藩の有力者で新政府参議の後藤象二郎が、大阪府知事として在阪していた。広瀬は住友邸の一部を後藤の宿舎として提供し、日夜歓待いたらざるなしという、もてなし方をした。

いずれにしても、広瀬宰平を中心とする住友の猛運動は功を奏し、住友はひきつづき別子銅山の経営を許されることになった。のみならず、別子没収問題が機縁となって、広瀬は岩倉具視・川田小一郎・後藤象二郎たちの愛顧を蒙るようになった。

のち明治八年、広瀬が岩倉を訪ねて往年の恩恵を感謝したところ、岩倉は広瀬に長文の書面を与え、広瀬の当時の功労を丁重に誉めたたえた。川田はのち三菱で大きな勢力を持つようになったとき、広瀬を三菱へ招こうとした。広瀬はこれを謝絶したが、明治二十二年（一八八九）川田が日銀総裁になると、川田との関係で広瀬は日銀監事に就任した。また住友は明治二十四年、別子の銅鉱石に含まれる鉄分をもって五、三〇〇貫の銑鉄を作ることに成功し、翌年九月、農商務大臣になっていた後藤象二郎を通じ、侍従長徳大寺実則《さねつね》を経て別子の産銅、副産諸品とともに製鉄標本それぞれ一箱を宮内省に献上した。

広瀬宰平と伊庭貞剛

広瀬宰平（文政十一〜大正三年・一八二八〜一九一四）は右に述べたように、幕末維新の動乱期に際し、別子銅山を明治政府による没収から防衛したうえ、その経営を近代化して後年の住友財閥の基礎を築き、住友家中興の元勲とうたわれた。近江の国の出身で天保九年数え年十一歳のとき別子銅山勘定場の丁稚《でっち》となり、明治二十七年六十七歳で住友から退身するまで、五六年間にわたり七代の主人に仕えた。この間慶応元年別子銅山総宰（総支配人）、明治十年（一八七七）住友家総理代人（使用人中の最高）となった。またこの間に、人事の面では自分の後継者で総理事となる伊庭貞剛《いばていごう》などいくたの人材を住友に導入したほか、住友家十五世吉左衛門友純《ともいと》を婿養子として徳大寺家からスカウトしている。それについては、後述する。

また広瀬は個人の資格で大阪商法会議所、大阪株式取引所、大阪商業講習所（大阪市立大学の前身）、大阪製銅会社、関西貿易会社、大阪商船会社などを創立し、役員となった。しかし、広瀬の本領は生えぬきの鉱山師たることにあった。彼は別子銅山の勘定場で算盤をおぼえたばかりでなく、坑夫に立ちまじって採鉱現場での業務を身につけ、銅山総宰となるまでにじつに二八年の修業を積んだ。また広瀬は明治維新後、明治元年九月から翌年一月まで鉱山司出仕を命ぜられてフランス人技師コワニーに随行、生野・中瀬・伊豆の諸鉱山の現場を視察し、ついで明治四年四月から翌年一月まで、同じくコワニーに随行して生野鉱山現場を研究した。のち広瀬は明治七年三月コワニーを別子銅山に招聘するなど、彼が別子鉱山の技術の改善に貢献するところは多大であった。

この広瀬と、広瀬をついで次代の総理事になった伊庭貞剛、および伊庭をついだ鈴木馬《ま》左《さ》也《や》は、明治期から大正にかけての住友経営史上に大きな足跡をのこした三大人物であった。

伊庭貞剛（弘化四～大正十五年・一八四七～一九二六）は広瀬と同じ近江国に生まれた、母は広瀬の姉であったから、伊庭は広瀬の甥に当たる。年少のころから伊庭は勤王の志が厚く、明治維新が起こると京都御所の禁衛隊士として朝廷につかえ、明治二年、京都御留守刑法官少監察となってからは、長崎・東京・函館の各地で裁判官をつとめ、明治十年に大阪上等裁判所判事となったが、明治十二年一月官を辞し、叔父広瀬のすすめにしたがって同年二月住友に入り、その年五月、住友本店支配人になった。ときに伊庭三十三歳であった。

伊庭貞剛は明治十二年から二十七年まで、広瀬総理代人の下に女房役として協力したが、その間に広瀬を助けて徳大寺隆麿を住友の婿とすることに成功した。伊庭はまた後年の総理事鈴木馬左也を住友家に招聘し（明治二十九年）、さらに明治三十二年日本銀行騒動（ときの日銀総裁山本達雄の排斥運動）にからんで連袂辞職した同行一一人の幹部のうち河上謹一・植村俊平・藤尾録郎・志立鉄次郎・大場太市の五人を一挙に住友へ招き、さらに後年住友の柱石となった小倉正恒や中田錦吉をも導入した（明治三十二年および三十三年）。河上以下の人材の導入は、住友の近代化と発展を促進するとともに、東京に対する大阪財界の地位を高める上に、大きく貢献した。

伊庭貞剛は世間一般の実業家のイメージからはほど遠く、やせて小柄な、まことに清らかな、禅僧の風格を持った人物であった。じじつ彼は若いころから禅の道に入り、その親友に峨山和尚と滴水和尚があった。滴水は峨山の師匠で京都天竜寺管長、峨山は後年、同じ天竜寺の管長になった。そして伊庭自身、明治二十八年十二月、四十九歳のとき勤務地別子銅山の山頂で、こつぜんと悟りの境地に到達した（伊庭貞剛正伝『幽翁』）。この伊庭は明治三十七年七月、日露戦争のさいちゅうに、後事を鈴木馬左也に託して住友を退いた。ところで、広瀬宰平と伊庭貞剛とが住友に残した大きなおきみやげ、吉左衛門友純のスカウトについて、つぎに語らなければならない。

住友十五代家長

住友吉左衛門友純《ともいと》は、住友家の第十五代家長（当主のこと）として、明治二十六年（一八九三）から昭和元年（一九二六）まで三三年間住友の事業に君臨した。この間に日本は、日清戦争、日露戦争および第一次世界大戦という三つの大戦争を経験し、住友も急速な発展をとげて三井、三菱につぐ大財閥に成長していった。しかし、家長・友純その人は、日常業務を指揮・監督する経営者でもなかったし、創造的企業家でもなかった。川田順の『住友回想記』によれば、友純は住友事業王国の「象徴的君主」であった。そして、その出自や資質・経歴からしても、経営者・企業家たるにふさわしい人物ではなかったが、しかし彼は、「財界人」としては関西財界を代表する当代一流の人物として、知られていたのである。

吉左衛門友純は、元治元年十二月二十一日（一八六五年一月十八日）公家《くげ》華族で五摂家につぐ清華《せいが》の名門・徳大寺公純《きんいと》の第六子に生まれ、隆麿と名づけられた。この隆麿が明治二十五年（一八九二）四月数え年二十九歳のとき住友家の婿養子に迎えられ、その翌年四月住友家の家督をついで吉左衛門を襲名し、諱《いみな》を友純と称した。

住友家は大阪の大商人として富には恵まれていたが、男子と寿命には恵まれない家系で、明治二十三年（一八九〇）十一月、同じ月の間に十二代吉左衛門友親《ともちか》（隠居）と十三代家長友忠《ともただ》の二人が、相ついで病死した。友親は四十八歳、友忠は十九歳であった（数え年、以下同じ）。あとに残ったのは友親の夫人登久《とく》（徳）、長女満寿《ます》、次女楢光《ならみつ》の女子だけとなり、嫡流の男系が杜絶えてしまった。そこでとりあえず登久未亡人が十四代をついだが、やがて満寿に婿を迎えることになり、住友家総理代人広瀬宰平と住友本店支配人伊庭貞剛が百方手をつくして、徳大寺隆麿を捜し出した。

隆麿の父・徳大寺公純は従一位右大臣で、隆麿の実兄には従二位権中納言の実則《さねつね》（のちに明治天皇の侍従長）や正三位右中将の西園寺《さいおんじ》公望《きんもち》（のちに内閣総理大臣、元老）がいる。徳大寺家は皇室につながる家系であって、当時の日本最高の門地・門閥に属する。

隆麿は京都洛北の田中村にある徳大寺家の別荘・清風館に生まれ、明治十六年（一八八三）父公純の他界するまで、京都の父の手もとで育てられた。父を失ったのは隆麿二十歳のときであるが、それまでは当時の公卿の子弟が受けるべき教育、すなわち和漢の学問、和歌、茶道などを身につけた。明治十七年（一八八四）二十一歳のときはじめて東京に出て、長兄の徳大寺実則の家に移り、学習院の寄宿舎に入った。そのころ華族令が制定され、徳大寺・西園寺の二人の兄はいずれも侯爵（後年公爵）を授けられ、親戚の多くは爵位を授けられた。

徳大寺隆麿は、住友家へ迎えられる直前、明治二十五年三月ごろまで、足かけ九年間学習院に在学して近代的な教育を受け、貴族としてのより高い教養を身につけた。隆麿は容貌端麗、風姿端正、挙止動作および性格は端直・謹厳であったが、これは高位の公卿華族の家に生まれ育ったことに加えて、学習院における教育・訓練に負うところきわめて大きい。隆麿＝友純の人間像の一端を左に記そう。

友純は貴族的な、端麗な容貌を持つばかりでなく、常に端然たる姿勢を保っていた。公けの席上ではむろんのこと、汽車、人力車、馬車、自動車など、すべての乗物のなかで、決して姿勢をくずさなかった。たとえば大阪から東京へ着くまでの汽車のなかで、正坐したままの姿勢をくずさないのをみて、はじめて同席した者は、みな驚嘆した。

生まれと育ちの良さ、そこからくる気位の高さをもの語るものとして、つぎのようなエピソードもある。晩年、友純は病気がちとなり、住友病院副院長の岡本亀男が大阪茶臼山の住友本邸にときどき招かれたが、岡本副院長は友純について「家長さんは姿勢をくずすことがなく、相対して芝居の殿様と家臣というぐあいで、むだ口をきかれることが全くない。詰所へさがると、やれやれとした」と語った。大正十三年（一九二四）友純が六十歳をすぎたころの話である。

権門と豪富の結合

徳大寺隆麿を住友家の婿養子に迎えたことは、脇村義太郎博士の言葉を借りれば、住友における明治いらいの最大の人事、スカウトであった。「明治維新後、住友は終始事業は人だということをもって、経営の基本的方針としており、優秀な人物を獲得し、育成することに腐心してきた。しかし、住友における、明治いらいの最大の人事、スカウトは、なんといっても、住友家の新しい主人をスカウトしてくるということであった」（脇村義太郎「住友財閥の人々」)。

このスカウトまでの経緯は明らかでない。友純の正伝『住友春翠』も「徳大寺隆麿の住友家に入るに至った事情、経緯には、既に不分明なことが多い」としているが、『住友春翠』から知りうる明確な事柄は、住友側でこの問題に最も深く関係したのは、伊庭貞剛であったということである。徳大寺隆麿の存在を知り、学習院に出かけて隆麿の人物、成績などの調査を行ったのも、伊庭であったし、徳大寺家との最終的交渉に当たったのも、伊庭であった。伊庭はある日東京三宅坂山王神社付近の料亭に、徳大寺実則、西園寺公望、中院通規《なかのいんみちのり》の三兄と共に隆麿を招待して、住友家の内情を詳しく述べ、住友家への婿入りを懇請した。そのとき隆麿に躊躇の色がみえたが、貞剛は「住友の財産といった所で何程のものでもなく、たかが銅を吹いて儲けたくらいのものですから、潰してもらっても結構です」と言い切ったので、隆麿は意を安んじたように見受けられ、やがて縁談がまとまった。

他方、住友家・伊庭と徳大寺家との間を斡旋した人びとに宮内省属官日高秩父、宮内省侍医(のち宮中顧問官)岩佐純《いわさじゅん》、宮中顧問官九鬼《くき》隆一《たかかず》がいるが、伊庭とこれら宮廷関係者との結びつきがどうして生じたかは、明らかでない。が、結果からみると、華族中の名門である徳大寺家と、大阪の実業界を代表する住友との縁組は、当時としては、一大ニュースであり、社会的意義を持つ事実でもあった。徳大寺家のそれまでの姻戚は、皇室をはじめ五摂家その他の堂上名家であり、大名では土佐の山内、広島の浅野などの大名があり、一門殆ど華族でないものはなかった。だから、家柄・血統および社会的地位を大いに尊重した当時においては、皇室にまでつながる家系の徳大寺隆麿は、住友家の婿養子として望みうる最高の人物であった。そして、隆麿は、住友の家格を高くするという広瀬・伊庭の期待に、やがて一〇〇パーセント応えることになるのである。

さきに著者は、住友吉左衛門友純を評して「財界人」として当代一流の人物だったと記したが、彼をしてそのような人物たらしめた要素は、少なくも三つある。第一は、さきにも記したように、皇室にまでつながる家系の子弟という、その出自である。第二は、友純自身の人柄である。そして第三は、住友の財力である。住友内部における友純の権威は、彼がそれを代表する家長であることから生まれ、友純の社会的地位・社会的勢威はその富によって支えられていた。住友が家長になったころの住友家の財産（住友本店の総財産）は七二〇万円と評価されていた（前掲『住友春翠』）。当時の七二〇万円は豪富としなければならない。

住友吉左衛門の社会的活動

住友家の家長をついだとき、吉左衛門友純は数え年三十歳にしかならず、かつ関西財界での新顔であったにかかわらず、たちまち同地の名士となり、いくつかの名誉職につくに至った。

その年明治二十六年（一八九三）九月には「平安遷都一千百年記念祭協賛会評議員」、十月には「大日本帝国水難救済会名誉会員」に推され、一年おいた明治二十八年（一八九五）六月には「大阪市凱旋祝賀軍隊歓迎会委員長」として大阪市官民の代表者に選ばれた。大阪市では、清国から凱旋した軍隊を迎えて中之島公園で同市民による歓迎大会を催したが、発起人三千人、民衆二万人に軍隊を合わせた三万余人が集まり、軍楽隊の吹奏が止むと、大会委員長の吉左衛門友純は式場に設けられた演壇に上がり、祝辞を朗読したのち万歳三唱のおんどをとった。ここに友純は、押しも押されもせぬ大阪市民代表となった。

これにつづいて明治二十九年（一八九六）三月には、やはり中之島公園で行われた日清戦争戦没者の招魂祭に発起人総代となり、同年七月には台湾視察の帰途大阪へ立ちよった総理大臣・伊藤博文のための大阪官民有志歓迎会の有志総代に推された。翌三十年（一八九七）には友純は欧米旅行に出かけたが、その外遊中に貴族院の多額納税議員に勅選され、三十一年（一八九八）九月には大阪市長候補に推されたが、これは固辞して受けなかった（貴族院議員は三年間つとめた）。

位階勲等については明治二十九年（一八九六）従五位に叙せられ、明治三十七年（一九〇四）勲四等瑞宝章、明治三十九年（一九〇六）勲二等瑞宝章を受け、明治四十四年（一九一一）には男爵を授けられた。これらは、日清・日露両戦争における住友家の軍事費の調達や、各種社会事業への協力などに対して酬いられたのであった。

また友純は、住友家を代表する社交活動のなかで、関西財界における社交の欧風化、近代化をはかった。主なものを挙げると、第一に、住友部内の主な宴会の会場を、明治三十一年（一八九八）一月から、鰻谷本邸より中之島の大阪ホテルに移し、和式から洋式に変えた。第二に、明治三十五年（一九〇二）一月、神戸付近在住の内外人六十数人の招宴を神戸のオリエンタル・ホテルで開催し、内外人の意思の疎通をはかる目的で、その後これを例年の行事とした。第三に、明治三十六年（一九〇三）四月、大阪ホテルに五十余人を招いて紳士招待会を催して以来、友純は毎年この会を主催し、この会に招待されることが大阪での「紳士」の資格とされるようになった。

友純は、このような宴会の準備には、熱意をもって自ら指図した。会場装飾の意匠、テーブルの配置、料理、器物、奏楽その他万般に心を配り、あるいは考案する所があった。このため「住友の宴会というものが、関西の模範的饗宴となり、ホテルの従業員も特別に緊張して事に当った」（前掲『住友春翠』）。

第四に、友純は須磨、大阪茶臼山、京都鹿ケ谷《ししがたに》、舞子、住吉とつぎつぎに豪壮な別邸を作り、また、本邸を鰻谷から茶臼山に、茶臼山から住吉に移すことも行ったが、これらの邸宅を日本内外の皇族・貴族その他の貴顕紳士・政界・官界・実業界の有力者などの接待・宿泊に当てるなど、社交活動にこれを盛んに利用した。

友純時代の住友の発展

吉左衛門友純の家長時代に、住友家の事業もまた大きな発展をとげた。友純が婿入りするころまでの住友の事業は、ほとんど別子銅山の経営一本槍であったが、それ以後、事業は多角化の一途をたどった。日清戦勝直後の明治二十八年（一八九五）九月には、住友家は住友銀行を設立して金融業に積極的に乗り出した。創立当時の住友銀行の資本金は一〇〇万円、吉左衛門個人経営の形をとった。ついで明治三十二年（一八九九）には、それまで住友銀行の経営していた倉庫業を独立させて住友倉庫会社を設立した。

また明治三十年には、住友本店（住友家個人経営）は日本製銅株式会社の工場設備を買収して同本店直営の住友伸銅場とし、ついで明治三十二年には大阪製銅株式会社の伸銅工場を買収して、住友伸銅場中之島分工場とした。それまでの住友は別子銅山から鉱石を掘り出し、これを精錬して型銅、すなわち原料銅として販売していたが、右のように伸銅場を持つようになって以来、銅の加工工業に一歩を踏み出した。つづいて明治三十四年、住友本店は合資会社日本鋳鋼所を買収して住友本店住友鋳鋼場とし、製銅事業から製鋼事業に進出した。

住友伸銅場は明治三十一年以来、大阪砲兵工廠、呉海軍工廠および東京海軍造兵廠の指定注文をもらうことになり、明治三十三年の北清事変から日露戦争にかけて、その事業は大きな発展をとげた。このあたりまでの住友を指導したのは、総理事伊庭貞剛であった。伊庭は、鈴木馬左也にとって上長・古参たる河上謹一・田辺貞吉の両理事を、自分の道連れとして辞職させ、鈴木のために地ならしをするという周到な用意を整えたうえ、明治三十七年七月、住友を去り、後事を鈴木に託した。伊庭はときに五十八歳であった。

伊庭を嗣いだ鈴木馬左也（文久一〜大正十一年・一八六一〜一九二二）は、明治二十年七月帝国大学法科大学政治学科を卒業して内務省に入り、愛媛県・大阪府・岐阜県などの書記官や農商務省参事官を歴任したのち、明治二十九年四月、農商務省を退官、同年五月住友に入って本店副支配人となった。それ以来約八年間伊庭総理事につかえたのち、伊庭をついで総理事となったが、それ以後一九年間の鈴木時代に、住友は日露戦争と第一次大戦を経て飛躍的発展をとげた。

日露戦争を迎えると、住友鋳鋼場は舞鶴・呉・佐世保・横須賀の各海軍工廠から錨の注文を受け、海軍と結びついて大発展をとげた。さらに日露戦後には、海軍の八八艦隊計画に関連して、伸銅、製鋼の両部門とも躍進をとげ、第一次大戦にかけていっそうの事業の多角化を進め、住友は財閥（コンツェルン）としての形態を整えていった。

すなわち明治四十二年（一九〇九）には住友本店を住友総本店と改称し、四十四年、住友伸銅場より電線製造部門を分離して住友電線製造所を設立、四十五年、住友銀行を株式会社に改組した（資本金一、五〇〇万円、半額払込）。大正二年には住友伸銅場を住友伸銅所と改称する一方、新居浜に肥料製造所を設置し、大正五年には住友銀行はサンフランシスコ・ハワイ・上海・ボンベイに支店を開設し、また住友総本店は鹿児島の大良《たろう》鉱山と岩手県の大萱生《おおがう》金山の経営に着手した。大正六年には住友銀行は三、〇〇〇万円に増資すると同時に漢口支店を開設し、住友総本店は鴻之舞《こうのまい》金山を買収、また扶桑海上保険株式会社(のち住友海上)を設立した。大正七年には住友銀行はシアトル・ニューヨーク・ロンドンに支店あるいは出張所を開設し、大正八年には新居浜《にいはま》に電錬工場を建設し、また土佐吉野川水力電気株式会社と大阪北港株式会社を設立、大正九年には電線製造所を改組して株式会社住友電線製造所とし、また住友鋳鋼場を住友製鋼所と改称した。

　こうした住友の事業の中核としての住友総本店を、大正十年(一九二一)に資本金一億五、〇〇〇万円の住友合資会社に改組した。住友合資は、別子鉱業所・住友伸銅所・住友製鋼所・鴻之舞金山・大萱生金山・忠隈炭鉱・別子を中心とする林業・および関係会社製品の販売事業などを直営するほか、住友銀行・住友電線・住友倉庫・扶桑海上保険・土佐吉野川水力電気などの諸会社の持株会社として、これらを所轄する機関であった。

　住友合資会社の設立に当たって、鈴木馬左也・中田錦吉・湯川寛吉の三人の幹部使用人をそれぞれ合資会社の労務出資・無限責任・業務執行社員とし、かつ鈴木を代表社員・総理事とした。また合資会社の職制以外に、住友合資会社社員および社員以外の幹部使用人をもって「理事会」を組織し、「事業の興廃、変更、重要な規定制度の創設改廃はこの審議を経て社長の決裁に備える」とした。これらのことは、社長（住友吉左衛門）の「象徴的君主」制、いいかえれば「立憲番頭政治」制に商法の裏付けを与えたもので、これは住友家経営上の画期的な出来ごとであった。

鈴木はこのようにして住友を財閥にまで育てあげたのち、住友合資設立の翌年をもって病死した。六十二歳であった。

西園寺公望と住友

ところで、明治以来、三井と三菱が時の政治権力と結びついて、それぞれの発展のためにこれを利用したことは前にも述べたが、住友の場合はどうであったか。

元来住友は徳川幕府の御用銅山師であったため、明治維新では朝廷側から別子銅山を「征伐没収《せいばつもつしゆう》」されようとして、土佐藩の川田小一郎、明治政府の高官岩倉具視、後藤象二郎たちに嘆願これつとめ、その危機を切り抜けたことは、本章の冒頭で述べた。その後明治二十六年（一八九三）から大正、昭和にかけて長年にわたり、別子銅山は煙害対策に苦しんだ。これは新居浜製錬所の煙突から出る亜硫酸ガスが付近の農作物に損害を与えるという問題で、明治二十七年（一八九四）には周辺数カ村の農民数百人が蓆旗や竹槍をもって住友新居浜分店に襲いかかるという騒ぎが起こり、そのうち二三名が兇徒嘯集罪に問われて裁判にかけられた。さらに明治四十二年（一九〇九）と四十三年（一九一〇）には、別子銅山の煙害は議会の問題となり、住友は愛媛県知事・安藤謙介、同じく伊沢多喜男、農商務大臣・大浦兼武、農商務局長・下岡忠治などの官僚や政治家との交渉を余儀なくされた。

こうした問題の処理をめぐって住友吉左衛門は、長兄徳大寺実則や次兄西園寺公望を利用することがあっただろうか。徳大寺は明治天皇の侍従長、西園寺は明治天皇の信頼厚い側近で、枢密院議長、政友会総裁、総理大臣、元老を歴任して明治・大正・昭和にわたり政界に抜くことのできない勢力を持っていたが、こうした勢力を友純が住友の事業経営に利用しようと試みたかどうかは、あとでも述べるように、明らかでない。ただ、住友内部の重要人事問題の処理に、友純が西園寺の力を借りたことは一度ある。それは明治二十七年（一八九四）友純が住友入りして間もないころのことである。

そのころ総理代人広瀬宰平の独裁に対する反感が住友部内、特に別子銅山にみなぎり、広瀬排斥運動が燃え上がった。友純は広瀬の退陣已むなしと考えたが、相手は「住友家中興の元勲」、かつは友純自身を住友家にスカウトした人でもある。他方、友純は住友入りしたばかりの若主人であるため、広瀬を退職させるというような重大人事を独力で処理することができず、西園寺公望に頼んで、広瀬に退職を言い渡してもらった。広瀬は「憤懣《ふんまん》之気《のき》、夜夢《やむ》不忘《わすれず》」と激怒したが（前掲『幽翁』）、傲岸不屈をもって聞こえたさすがの広瀬も、侯爵で枢密顧問官の西園寺の貫禄には抗しえなかった。ときに友純三十一歳、西園寺四十六歳、広瀬六十七歳であった。

他方住友が、西園寺に財政的援助を送っていたことは、少しも秘密でない。住友家は徳大寺家の別荘・清風荘を購入して、これを西園寺に贈った。また公望の養嗣子西園寺八郎を通じて、住友は西園寺に仕送りをつづけ、大正八年（一九一九）の第一次世界大戦の講和会議に日本首席全権としてパリに使いした西園寺には、住友はかなりまとまった金額を贈った。また大正末期から昭和初年にかけて、西園寺の秘書原田熊雄は住友の嘱託になっていた。

しかし、住友が西園寺を利用して、何らか特殊な利権を得たという事実は、著者はこれを知らない。財界・政界の表裏に通暁していた白柳秀湖でさえも、明治三十九年七月、西園寺内閣が三菱の利害を無視して鉄道国有法を制定したのは、裏を返せば炭坑業者としての住友・三井を利した結果になる、と説くに止まる。そして、もし住友が三菱の立場にあって、九州の鉄道に大きな利害関係を持っていたとしたら、西園寺内閣は、果たして鉄道国有を断行しただろうかという疑問を、提出するに止まり（『西園寺公望伝』）、白柳秀湖の方から、しかじかの利権を西園寺を通じて住友が手に入れたという積極的立証は、どこにも提示していないのである。

住友が政商、あるいは御用商人であったと論ずるのであれば、むしろ軍部、特に海軍との関係を挙げるべきである。住友の金属工業部門が陸海軍の注文と保護によって発展を促進されたことは、かくれもない事実である。しかし海軍との関係についても、大正三年のシーメンス事件（海軍をめぐる大疑獄事件）において、住友の完全な潔白が、検察当局によって立証されたことは想起に値する。軍艦の罐管《かまくだ》・タービン翼・水雷の気蓄器などのメーカーたる住友は海軍を最大の得意先とし、他方海軍からみれば住友は大口御用商人であったから、シーメンス事件に関連して検察当局は住友の海軍への贈賄を疑い、その検査は峻厳をきわめた。しかし贈賄について一点の容疑をも見出すことができず、「畳を叩いても埃が立たないとは住友のことだ」と検察当局をして感嘆させた。この住友の道義的精神の伝統は、伊庭貞剛が住友に残した遺産として、その退任一〇年後に改めて認識し直されたという。

次兄西園寺に対しても、住友吉左衛門が物質的利益を目的としてこれを利用することはなかったとみてよいだろうが、しかし、徳大寺・西園寺両公爵がその背後にあって友純の財界人としての勢威を支える役割を果たしていたことは、疑いなく確かである。

5 団琢磨＝財閥支配確立期の総資本代表

団琢磨

団琢磨と、その六年の米国留学

日本に「財界」が形成される過程については「概観」で述べておいたが、第一次世界大戦中の大正六年（一九一七）日本工業倶楽部が設立されると、団琢磨は理事長に選ばれ、これを代表することになった。工業倶楽部は、当時財閥体制を整えつつあった三井・三菱・住友・安田などの諸財閥が主導する、大工業家による「財界」であり、団はその代表となった。

ついで大戦後の大正十一年（一九二二）、金融業者・商業者を加えた日本経済連盟会が結成され、ここに実業界を打って一丸とする「財界」が確立された。この経済連盟もまた「財閥主導」の総合経済団体であり、これが成立すると、工業倶楽部もこれに団体として加入し、財界としての調査・研究・建議活動は次第に工業倶楽部から経済連盟に移され、工業倶楽部は主として社交機関としての機能を分担することになった。そして昭和三年（一九二八）四月経済連盟に会長制が布かれることになると、工業倶楽部理事長の団は経済連盟の会長をも兼ねて、ますます「財界」代表・総資本代表としての地位に重みを加えることになる。

そしてその年十一月には、団琢磨は「経済発展の功」によって男爵を授けられ、華族に列せられた。大正九年（一九二〇年）以来、こうした実業家の授爵は絶えてなく、また団を最後として、この種の授爵はなくなって、終戦にいたった。とにかく団琢磨は、三井の総帥・総資本代表となり、さらに皇室の藩塀にまで上昇したのであった。

さて、これよりさき大正三年（一九一四）八月に、団は第一次世界大戦勃発とほとんど時を同じくして、三井合名会社の理事長に就任した。三井財閥における使用人・専門経営者としての最高の地位に就き、世人はこれを「三井の総帥」と呼んだ。ときに数え年五十七歳であったが、それ以後昭和七年（一九三二）三月、ファシストの凶弾にたおれて七五年の生涯を閉じるまで、一八年の間、団は三井財閥の代表者として活動した。三井合名理事長時代は、実業家としての団の活動が最高潮に達した時代であったが、三井財閥にとっても、それはまたその黄金時代であった。

他方大正五年以後、前述のように団は財界代表の地位を兼ねるようになったが、第一次大戦から満州事変勃発直後にかけてのその時代は、日本資本主義が急激な発展をとげたのち、金融恐慌から昭和恐慌・動乱期にのめり込んで行く時代であった。しかし、そうした時代における団の活動について述べる前に、三井の総帥・総資本代表へと上昇する以前の団琢磨の経歴について、一言しておかなければならない。団の財界活動の源泉となったその資質や才能は、まずその少・青年時代に培われているからである。

団琢磨は安政五年（一八五八）福岡藩士神屋宅之丞（馬廻《うままわり》、禄高二〇〇石）の四男に生まれ、その生年の干支にちなんで駒吉と命名されたが、のち明治元年（一八六八）十一歳のとき、琢磨と改名した。またこれよりさき、慶応二年九歳のとき駒吉は父を失ったので、明治三年(一八七〇)十二月十三歳のとき、仲介する人があって同藩の権大参事団尚静(禄高六〇〇石)の養子となった。ついで翌明治四年十一月、旧福岡藩公黒田長知の米国留学に随行して、同じく米国に留学するよう旧藩主黒田家から選抜された。ときに団琢磨十四歳で、団のほかには、同藩士の子弟金子堅太郎(十八歳)が選ばれた。のち金子は、官界を経て農商務・法務の各大臣を歴任、枢密顧問官、伯爵となった。またのちに、団は金子の妹芳子と結婚し、両者は義兄弟となった。

黒田長知に随行を命ぜられた団と金子は、欧米に出張する特命全権大使岩倉具視一行の乗船「アメリカ号」に同船して渡米し、明治五年(一八七二)三月東海岸ボストンに到着、それ以後黒田・団・金子は、それぞれ同地に留学することになった。そのうち団は同年九月ライス・グラマー・スクールに入学し、ついでマサチューセッツ・インスティテュート・オブ・テクノロジー(マサチューセッツ工科大学)予備校を経て、明治八年(一八七五)同本校鉱山学科本科に進んだ。そして明治十一年(一八七八)六月、団はここを卒業してバチェラー・オブ・サイエンスの学士号を取得した。団の米国留学は十五歳から二十一歳まで、前後六年に及んだ。

団はその死に至るまで自由に英語を読み、書き、話すことによって、英米の財界人や政治家と親密に交際することができた。たとえば大正十年(一九二一)から十一年にかけて、団は英米訪問実業団団長として団員二三人をひきいて米国その他欧州諸国を歴訪した。この英米訪問実業団団長として活躍することができたのも、少年時代から青年時代にかけての米国留学で、団が英語を自分のものにしていたからであった。

また明治十七年（一八八四）以後、団は鉱山技師として三池炭坑で活躍し、その活動を通じて技術者・経営者として昇進の段階をのぼっていったが、それを可能にしたのは、マサチューセッツ工科大学における学習であった。

団琢磨、三井に買取られる

バチェラー・オブ・サイエンスの学位をとった団は明治十一年（一八七八）九月帰国して鉱山技師になろうと思ったが、志を得ず、大阪専門学校（第三高等学校の前身）の教師や、東京大学の「星学」の助教授などをしていたが、ようやく明治十七年（一八八四）二月、工部省御用掛に採用され、同年五月、官営三池鉱山局に入ることになって、その本職の仕事に進むことができた。しかし、明治二十年（一八八七）五等技師として欧米視察に派遣されている間に、三池炭坑は三井に払下げられ、視察旅行から帰国した団は、炭坑といっしょに三井に買取られることになった。

視察旅行から帰った団は、民間会社に入ることを嫌って福岡県の技師になろうと考え、もはや採用されるばかりになっていた。ところが、官営三池炭鉱の出炭の一手販売を行っていた関係から、すでに団との接触を持ち、かねてその人物と能力を見込んでいた三井物産会社社長の益田孝が大蔵大臣松方正義に運動して、これを三井に雇い入れることにしてしまった。益田は松方蔵相に交渉して、「三井は四五五万五〇〇〇円という価格で三池炭坑を落札したが、この価格のなかには団の身のしろ金も入っているのだ」という理屈を述べたので、松方はやむなく団に向かい「君は炭坑といっしょに売られたのだ」といって因果をふくめた、と伝えられている。

こうして団は明治二十一年（一八八八年）十二月、三池炭坑の払下げとともに、工部省三池鉱山局工業課長から転じて、三井組三池炭鉱社三池炭鉱事務長となった。ときに数え年三十一歳であったが、「三井の総帥」に向かっての団の歩みは、そこからはじまる。団は当初技術者として活動し、次第に経営者となっていく。

当時の三池炭鉱の主力勝立坑は豊富な埋蔵量を持ってはいたけれども、一分間に四〇〇立方フィートという膨大な出水のため開削は困難をきわめ、なかなか開坑ができなかった。団は欧米に出張して調査・研究した結果、英国のデーヴィ・ポンプによる排水のほか手段はないという結論に到達し、益田孝などの三井の幹部を説得してこのポンプ二基を購入し、これを据え付けることによって、明治二十六年十月、勝立坑内排水に完全に成功した。そのおかげで、やがて三池炭鉱は三井のドル箱になっていった。

勝立開削に成功した団は明治二十七年（一八九四）十月、三井鉱山合名会社専務理事に昇進し（三池炭鉱事務所長を兼務）、山野炭坑および田川炭坑の買収・開坑や、大牟田築港の建設（明治四十二年竣工）などに業績をあげた。この間に団は、明治三十五年（一九〇二）四月、三井家同族会事務局管理部会員となって、三井家の統轄・中枢部門に席を占めるが、このとき管理部会員となったのは、三井同族以外では益田孝（管理部専務理事兼任、三井物産合名会社専務理事）、団琢磨（三井鉱山合名会社専務理事）、朝吹英二（管理部理事兼任、合名会社三井呉服店専務理事）、早川千吉郎（三井銀行専務理事、三井家同族会理事）、有賀長文（三井家同族会理事心得）の五人で、団以外はいずれも団よりも三井部内の序列が上位の者ばかりであった。

ついで明治三十八年（一九〇五）一月に右の三井家同族会事務局管理部規則が改正され、益田孝が副部長に、朝吹英二と有賀長文が理事になったとき（有賀は同族会事務局庶務理事兼任）、団は早川千吉郎（三井銀行）・渡辺専次郎（三井物産）とならんで非同族会員となり、その筆頭になった。

総帥として三井の黄金時代を築く

さらに明治四十二年（一九〇九）十一月、三井事業体の中枢機関として三井合名会社が設立されると、団はその筆頭参事になった。このときの団の地位は顧問の益田孝についで、使用人重役のトップとなった。また団は、株式会社三井銀行取締役と三井物産株式会社監査役を兼ね、明治四十四年（一九一一）十二月、三井合名会社鉱山部が分離して三井鉱山株式会社になると、団は、鉱山会社の取締役をも兼ねることになった。この三井事業体機構の整備により、「三井事業全体にわたる統轄機関としての三井合名会社と、資本蓄積の主要な基盤である銀行、物産、鉱山の三大直系事業部門を核とし、多くの関係事業を傘下に擁する三井の財閥資本としての形態は、この段階でほぼ完成をみたといえよう」とされている（『三井事業史・資料篇三』）。

ついで大正三年（一九一四）四月、金剛事件に連座して三井物産の三重役（岩原謙三・飯田義一・山本条太郎）が辞職し、同社社長三井八郎次郎も同年七月引責辞職すると、多年にわたって三井物産の総括・社長としてこれら重役を養成してきた益田孝も、三井合名会社顧問を辞任して、相談役に退いた。それと同時に、益田は団を自分の後継者に推薦し、団は三井合名会社の理事長に抜擢された。大正三年八月、第一次世界大戦勃発後、間もないころであった。この大戦は日本経済に一大ブームをまき起こし、三井の諸事業に未曽有の高利潤・高蓄積をもたらして、三井財閥を飛躍的に発展させた。それ以後三井財閥は、黄金時代を迎えることになる。

第一次大戦前における三井財閥は、資本金五、〇〇〇万円（全額払込）の持株会社三井合名会社と、三井物産・三井銀行・三井鉱山・東神倉庫の直系四社、王子製紙・芝浦製作所・鐘淵紡績・北海道炭鉱汽船・三越の傍系五社、およびこれに三井物産の子会社台湾製糖と北海道炭鉱汽船の子会社日本製鋼所を加えた一一の会社から、構成されていた。それら一一社の公称資本金合計額は一億六、〇〇〇万円余であった。

それが第一次大戦と昭和二年の金融恐慌を経たのち、昭和恐慌期（昭和六年・一九三一、七月末）になると、三井合名会社の払込資本金は二億四、七〇〇万円に膨脹した。第一次大戦前の五倍弱である。そして三井合名の直系・傍系・子会社・孫会社とピラミッド型に積み上げられた支配会社数は九七に増加し、その公称資本金の合計は一二億三、〇〇〇万円となった。団理事長の下で、二〇年足らずの間に三井財閥の支配会社数は約九倍、その公称資本金額は約八倍に増大した（拙著『三井財閥史・大正・昭和編』）。

こうした三井財閥の規模の拡大は、ひとり三井合名会社の投資活動によってのみ行われたのではない。三井物産および三井鉱山の両直系会社とも、それぞれ持株会社化して多数の子会社をその支配下に持つようになった。また三井銀行は金融面からその影響力を産業界に浸透して、三井の産業支配の拡大を金融的に援護した。

総資本代表としての団の活動

さて総資本代表としての団琢磨の活動に記述を移すと、彼が日本工業倶楽部理事長兼日本経済連盟会会長として最も力を注いだのは、労働組合法制定に対する反対運動であった。昭和四年（一九二九）十二月七日、浜口民政党内閣は労働組合法案（いわゆる内務省社会局案）を発表し、労働組合法の制定に意欲を示した。この法案は、労資双方にごうごうたる反響を呼び起こしたが、財界側ではまず日本工業倶楽部が反対の火の手をあげた。同倶楽部は同年十二月十三日に「労働組合法制定に関する意見書」を発表し、今日の段階で急いで「画一的法規」を設けようとする政府の態度には、「遺憾ながらぜんぜん賛意を表することができない」旨の強硬な反対態度を表明した。それ以後、団琢磨は日本工業倶楽部を代表して、労働組合法反対運動の先頭に立ち、日本経済連盟会も、これに同調した。

団が内務省社会局案に反対した理由は、五つあった。第一に、同案は階級闘争的社会主義を助長するものであり、第二に同案は外国直訳の法制であって、そのような法案は、日本に適合しない。第三に、外国における労働組合は弊害を生んでいるが、同案はその弊害を助長するものであり、第四に、日本の国民性にかんがみて、この法案は日本の国情に適しないものであるし、第五に同案は、政略的に労働組合を保護し、産業を政治の犠牲に供するものである、とした（『男爵団琢磨伝』）。

このような団の考え方に基づいて、日本工業倶楽部は前記の労働組合法制定反対の意見書をまとめたのであるが、これにつづいて団琢磨、郷誠之助、木村久寿弥太、中島久万吉、内藤久寛、藤原銀次郎、宮島清次郎らは、それぞれ手分けして、総理大臣浜口雄幸、内務大臣安達謙蔵、商工大臣俵孫一らを歴訪し、反対意見を開陳した（昭和四年十二月）。

浜口首相はこれに対し、「労働組合法の実施によって階級闘争を激成するものとは考えない。むしろ産業界における労資協調の実を挙げるものであると考える」と答えたが、同法案は第五十七議会（昭和五年一月再開）には提出されなかった。これは、政府と野党政友会の正面衝突により第五十七議会（衆議院）は解散・総選挙となったためである。

その後、団を中心とする労働組合法案反対運動は次第に拡大し、東京の鉄道協会、電気協会、石炭連合会、大阪および兵庫県の工場懇話会、東京商工会議所などが、ぞくぞく反対意見を提出した。団は東京商工会議所会頭郷誠之助と相談して、大阪・名古屋・九州地方の有力実業家の上京を促し、昭和五年五月、東京（団、郷、木村久寿弥太など）二〇名、大阪六名、名古屋一名を東京に集めて、会合を開いた。大阪からの代表には住友合資会社総理事湯川寛吉が加わっていた。この会合では、労働組合法案に反対する根本的理由として、左の七項目が、満場一致で承認された。

㈠　労働者団体のみを保護するのは、差別的階級立法であること、ならびに一般組合を公認するのは組合本来の目的に背反すること。

㈡　矯激な社会主義的思想を公認する結果を生み、階級闘争を助長し、産業平和をみだす恐れのあること。

㈢　労働条件の維持改善を主な目的とするのは多数労働者の協調的団体を無視し、闘争的団体の保護に偏倚すること。

㈣　組合員の解雇および被雇用者を制限することは、事業統制を困難にし、非組合員を圧迫すること。
㈤　損害賠償免除規定は、雇主に不当の損害をゆるし、不法・不当な争議をいろいろ誘発すること。
㈥　労働争議に対する責任および不当争議に関する取締法制定の必要あること。
㈦　企業心を萎縮させ、中小商工業を衰退させること。

こうした財界の反対運動にもかかわらず、労働組合法案は昭和六年（一九三一）二月二十一日衆議院に提出され、三月十七日、同院を通過した。しかし、同法案が衆議院から貴族院に回付されると、全国産業団体の反対は熾烈さを加え、団もまた貴族院議員の会合に出席したり、個別に貴族院議員に面接するなど、反対運動をいっそう活発化した。また貴族院の委員会では藤原銀次郎、赤池濃らが安達内務大臣との間に質問戦を展開するなどの動きがあり、結局、同年三月二十七日会期満了、審議未了となった。その結果、同法案は廃案となり、終戦前には、この種の法案は二度と議会に提出されることがなかった。

他方、労働組合法案反対運動は、その副産物として、昭和六年五月、日本工業倶楽部を母体とする全国雇主団体・「全国産業団体連合会」（略称全産連）を生み出した。全産連は、同法案反対のため同年二月召集された全国一七五の産業団体連合会協議会の決議にもとづき、同法案を廃案に追い込んだ余勢を駆って結成された。会長には団とともに反対運動を指導した郷誠之助（東京および日本商業会議所会頭）が就任し、団琢磨と三菱合資会社総理事木村久寿弥太が、顧問に就任した。そして日本工業倶楽部主事で、労働組合法案反対運動に活躍した膳桂之助が、全産連常務理事を兼務することになった。全産連は戦争中の昭和十五年（一九四〇）大日本産業報国会に発展的解消をとげたのち、戦後、昭和二十三年（一九四八）日本経営者団体連盟（略称日経連）として復活した。

満州事変への団の対応

団琢磨が三井の総帥・総資本の代表として活躍していた昭和六年九月、満州事変が起こった。この事変における日本の国際的立場を有利にすべく、日本経済連盟会は昭和六年十二月五日、会長団琢磨の名をもって、「満蒙状況に関するステートメント」（英文）を全米商業会議所会頭、国際商業会議所会頭、国際商業会議所英国国内委員会議長、日本駐仏大使および日本駐米大使あてに打電した。その声明電報の要旨はつぎのようなものであった。

日本が中国に対して条約の遵守ならびに満蒙権益の尊重を要求する権利を持つことは、いうまでもない。また日中両国が、極東平和の維持に協力することも当然である。しかるに、近年中国は日本の期待を裏切って反日的行動に出ている。

日本が満州を開発しえたのは、一九〇五年の条約に基いて鉄道付属地に軍隊駐留権を持ち、中国軍閥の跋扈を抑え得たことによるところ大きい。しかるに中国は、日本が中国人を搾取し迫害していると称して、条約上正当に認められた日本の権利を侵害して憚るところがない。

日本の真意は満州の平和を回復する以外にはない。われわれは、軍事的行動ができるだけ小範囲に止められ、日中両国の直接交渉によって公平解決が行なわれることを期待してやまない。しかし、かかる解決は、満蒙における日本の権益の安全と、中国指導者による誤れる政策の放棄とが前提とならなくては、不可能である。

また昭和七年二月満州事変を調査するため、国際連盟のリットン委員会が来日し、日本の総理大臣・外務大臣・陸海軍大臣・有力銀行家・実業家および種々の団体の代表者と会見したが、団もまた日本工業倶楽部理事長・日本経済連盟会会長として、この一行と会見し、日本の国際的立場を有利に導くべく意見を交換した。

さらにまた日本経済連盟会・日本工業倶楽部・日本商工会議所・日華実業協会は連合して、昭和七年三月四日、リットン委員会一行を日本工業倶楽部に招待し、歓迎交歓の茶会と晩餐会を開催した。その際、団は一場の歓迎の辞を述べ、中国の日本に対する不信不法の事実をくわしく説明し、リットン卿その他よりの種々の質問に対して一々懇切に答弁し、満州問題に対する一行の認識を誤らせないよう、全精神を傾注し、晩餐後もなお懇談を続けた（前掲『男爵団琢磨伝・下巻』）。

この晩餐会ののち、主催者側は一行を東京劇場の観劇に招待したが、団はリットン卿とマッコーイ少将（米国）の間に席を占めて、観劇の間にも何くれとなく説明につとめた。しかし、じつにその翌朝午前十一時二十五分、三井合名会社へ出勤しようとした団は、三井本館玄関で、血盟団員の凶弾にたおされた。かくて満州事変における日本の国際的立場を有利に導くための団の努力は、財界代表としての団の最後の活動となった。そしてこれよりさき、ときの犬養政友会内閣は、米国に多くの有力者を知己に持つ団を対米特使として派遣することを企てていたが、この計画も水泡に帰した。

当時犬養内閣は、世界の世論を動かすには我が国から適当な人物を米国に派遣し、米国人にじゅうぶん事件の真相を知らせ、意見の疏通を図る必要があると考え、外務大臣・芳沢謙吉は経済使節として団琢磨を推薦し、団の内諾を求めた。米国経済界の有力者あるいは政治家と膝を交えて直接談話・意見を交換することができるもの、そして社会的な地位や信用があり、人格・教養の高い人物となると、団以外に適当な候補者がいないと、芳沢外相は考えたのである。団はこれをいったんは辞退したが、しかし、芳沢のたっての要請に対し、団は熟考を約して、別れた。このことは団・芳沢両者間によく秘密が保たれたので、ほとんど外間に洩れなかったのであるが、団の横死により、この計画は、ついに実現しないで終わった（前掲『男爵団琢磨伝・下巻』）。

日中全面戦争化を憂慮した団

　ところで日本の満蒙政策について、団が抱いていた基本的な考え方は、武力ではなく外交交渉によって、日本の対満蒙利権を確保・伸張するというにあった。昭和二年六〜七月の間、田中政友会内閣が開催した東方会議は「対支政策」を確立したが、当時の田中外交には二つの要素が混在していた。一つは、満州を中国から分離させ、張作霖に満州を、蔣介石に中国本土を統治させ、日本は張作霖との交渉によって満蒙問題を処理しようという構想、他の一つは、武力行使を辞することなく、満州を完全に日本の支配下におくべく邁進するという構想であった。総理大臣兼外務大臣田中義一や、満鉄総裁で政友会幹部の山本条太郎は前者の考え方に立ち、外務政務次官森恪《つとむ》は後者の考え方に立って、軍部と脈絡を通じていた。

　満州事変勃発後、昭和六年（一九三一）十二月に成立した犬養政友会内閣においても、総理大臣犬養毅は中国国民政府の孫科（孫文の息）や居正との交渉によって事変を解決しようとし、山本条太郎をこの交渉の日本側代表に起用しようとしていた。これに対し森恪は、あくまで武力に訴えるという軍の方針を支持していた。

　こうした動きに対し、団は田中や犬養の考えていた方策を支持した。したがって、かつて三井物産会社の中国勤務時代に上司と部下であった山本・森の政治家としての対立については、団は山本条太郎の側を支持していた。この問題の詳細については、拙著『三井物産会社の経営史的研究』を参照願えれば幸いである。

また団は、満州事変が日中間の全面戦争に拡大することを恐れていた。団はその横死の前日たる昭和七年三月四日の朝、リットン調査団の日本工業倶楽部への招待について打合せのため団の私邸を訪れていた人たち（日本経済連盟会理事高島誠一と団の秘書荷見晋）に、事務打合せの終わったのち、つぎのように語ったという。

今度の満州事変は確かに大事件であり、調査団の諸君に充分理解させるのは仲々容易でないが、できるだけのことをやるだけだ。

今の軍部の模様では、支那へも進出するようなことになるかも知らん、支那は広いから何十万の兵を出しても収拾のつくものではない、もしそういうことになったら大変なことです。（荷見晋「団理事長の思い出」、『三井金属修史論叢』第十号）

これよりさき同年三月一日には、満州国建国が宣言されていた。そして日本は満州に既成事実をつぎつぎと作りあげていったが、昭和十二年（一九三七）に入ると日中戦争が起こって、団の憂慮する事態が現実となり、日中戦争はさらに太平洋戦争に発展していった。

しかし、そのとき団はこの世にはいなかった。その時代の三井財閥の指導者は池田成彬、財界指導者は郷誠之助であった。

財閥の財界制覇と政・財界の連繫

ところで、三井の総帥団琢磨が日本工業倶楽部理事長・日本経済連盟会会長となったことは「財閥による財界の制覇確立」を意味し、こうした形で「官民協調体制」、「政・財界連繫体制」が成立した。つぎの如くである。

わが国の官民協調体制で財界史上最初に登場した人物は、いうまでもなく渋沢栄一であった。しかし、「政府と企業」「政界と財界」の連繫体制の形成において、その本流を画したものは「政商→財閥」系譜のサイドであった。財閥による財界制覇確立は、財閥体制の確立（明治四十年代）と「日本工業倶楽部」の結成（大正六年）を指標とする。このような政・財界連繫体制は、「二大財閥・二大政党」体制を基盤とした。つまり「三井＝政友会（憲政党→立憲政友会の系譜）」と「三菱＝民政党（憲政本党→立憲国民党→立憲同志会→憲政会→立憲民政党の系譜）」体制が、これである。そして、このような古典的な二大財閥・二大政党体制は、大正年間を経てほぼ昭和十三年頃まで続き、「日本株式会社」の覇権を掌握した。（桂芳男前掲論文「わが国の財界について考える」）

三井＝政友会・三菱＝民政党という政・財界連繫の図式については、いままで多くの人びとにより、多くのことが言われてきた。本書の著者じしんも、三菱と憲政会〔民政党〕との関係については「2　岩崎弥之助」の章で触れておいたので、ここでは三井と政友会の関係について述べたい。

まず政友会が組織されたのは明治三十三年（一九〇〇）九月で、伊藤博文が初代の総裁となり、のちに西園寺公望が二代目総裁、原敬《たかし》が三代目総裁になった。その原敬はその日記のなかに「実業者勧誘ならびに新党資金に関し井上〔馨〕伯に熟談し、その末伊藤〔博文〕侯を訪うて協議せり」（明治三十三年八月十七日）と書いており、政友会の創立に当たって、原敬はその資金調達の相談にあずかった。

このとき原敬から政友会の資金調達の相談を受けた井上馨は、三井家の顧問であったばかりでなく、鴻池善右衛門、古河市兵衛、貝島太助、田中平八、藤田伝三郎などの富豪の世話をやいていた。だから、創立当時の政友会の資金が、井上の手を通じて、三井をはじめとするこれら富豪から提供されたことは想像に難くない。

第二次西園寺内閣のときには鉄道国有問題をめぐって三菱・岩崎弥太郎の女婿加藤高明が外務大臣を辞職・閣外に去るという事件が起こっているが（明治三十九年三月）、政友会幹部の原敬は、この内閣の内務大臣であった。原敬はのち大正三年（一九一四）六月、西園寺のあとを受けて政友会総裁になる。これは、団琢磨が三井合名会社理事長になるのと相前後しているが、しかし、政友会と原敬および三井との関係は、必ずしも終始一貫して密接であったわけではない。ときには両者が疎縁になったこともある。それは、井上馨と原敬との間に溝ができたり、また権力の座を離れた原に対して、三井が冷淡になったりしたためであるが、このような離合集散は、珍しいことではない。原敬が井上馨や三井に対して憤慨した一時代もあることはあったのだが、それについては、次に紹介する。

三井と政友会

元来原敬は、井上馨の子分であった。明治十五年（一八八二）三月、原敬は友人の井上毅および小松原英太郎の紹介で、当時外務卿であった井上馨の邸宅での会合に出席し、それ以後井上に接近して同年十一月井上の手で外務省御用掛に採用され、はじめて官途についた。それ以後井上外務卿の下で天津領事、フランス公使館参事官となって、官界で出世していった。原は井上に愛され、その娘分ともいうべき中井弘の娘を妻にめとり、「長閥の養子」とまで言われた。その後原は、農商務大臣からのち外務大臣になった陸奥宗光の知遇を得て、その引立てでさらに出世していったが、相変わらず井上ともよかった。

ところが政友会総裁となり、第二次大隈内閣（大正三年四月〜五年十月）の野党としての政友会をひきいるようになった時代には、井上が大隈を支持した関係から、原は井上に嫌われた。大正四年（一九一五）三月の総選挙のときには、井上は三井・三菱をはじめ大倉・安田などの財閥・富豪を語らって政府・与党に選挙資金を出させ、政友会を惨敗させた。そのため原敬はくやしがって、その日記に「彼〔井上〕も昨年来全く政府の走狗となりて、自ら悟らざるものの如し。晩年憫むべきの至なり」（大正四年四月十八日）と書いて、井上を罵倒している。

こうして原敬は井上との仲が悪くなり、三井との仲も冷たくなったが、しかしようやく原に政権が回ってくるころになると、三井との関係は、再び親密になってくる。大正七年九月には、大命が原敬に降下して、原は総理大臣になったが、そのとき彼が政権をとるに至った裏面には、つぎのように三井の力が動いていたのである。当時、伊藤・井上はすでに亡く、長閥の元老としては山県有朋一人になっていたが、山県は薩閥の松方正義とともに絶大な勢力を持っていた。三井の益田孝は小田原の古稀庵（山県の別荘）の隣に住んで絶えず山県に接触していたが、益田は原を首相にすることを山県に進言した。

そのころは寺内正毅内閣の末期で、山県は後継首班に西園寺公望を考えていたが、益田はある日山県に向かって、「西園寺に組閣の意志のないこと、もし山県が政友会を懸念するのであれば（というのは山県は政党ぎらいなので）、その内情について野田卯太郎を呼んで聞くとよろしい」旨を進言した。結局、山県と松方は西園寺に組閣を交渉し、西園寺が辞退して原を推薦、原に大命が降下するという形で、原が日本最初の政党内閣を組織することになった。とにかく、益田孝が元老山県に向かって原政友会総裁を次期総理に推したことは事実であって、『原敬日記』大正七年九月十八日にこのことが記されている。

原内閣ができると、その年（一九一八）十一月、益田孝は「経済発展の功（日本の海外貿易発展への貢献）」によって、男爵を授けられた。益田の授爵には山県も力を添えた。原敬は大正七年九月から大正十年（一九二一）十一月まで政権を担当したが、東京駅頭で暗殺された。

ところで後章（9）で取り上げる鮎川義介は井上馨を大叔父に持ち、三菱の木村久寿弥太を義兄に持ち、鮎川自身実業家であり、政治家でもあったため、政財界の内部事情に詳しかったが、三井・三菱と政友会・民政党の関係について、つぎのように書いている。

昔の総選挙でこれらの政党〔政友会と民政党——引用者〕が財閥から選挙費用をもらっていたのは公然の事実だった。ただその金額については秘密の話になっていて、世間では興味をもっていたが、私はそれを知っているんだ。というのは私の義兄木村久寿弥太が三菱の総番頭をしていて、政党に金を出していた。三井の方は団琢磨がやっておったので、総選挙の時はいつでもこの二人が話合いをして、両者同額の金を出すことにしていた。僕は面白いもんじゃから木村の兄貴になんぼ出すのか聞いてみたら、その当時、三井と岩崎は一回の選挙に仲よく五百万円ずつ出しておったよ。……

三井の方は政友会に金を出し、三菱は憲政会に出すというやり方だったから、どちらの政党にもその係がおったよ。政友会には野田卯太郎がその方の専門で、憲政会は、たしか鉄道大臣などやった仙石貢ではないかと思う。この事実だけを見ても、三井と三菱が財界に君臨して、日本の経済をいかにコントロールしていたかがわかる（鮎川義介「昔の政治献金」、中小企業政治連盟機関紙『中政連』昭和三十三年五月六日号）。

6

池田成彬＝戦時下軍部との宥和と抗争

池田成彬

銀行家としての池田の権勢

池田成彬（慶応三〜昭和二十五年・一八六七〜一九五〇）は生まれたとき運太郎と命名され、のち貞吉と改名し、つぎに慎平と改め、さらに数え年二十三歳のとき、じぶんで成彬と改名した。父の名前成章《せいしょう》から「成」をとり、「文質彬々《ぶんしつひんぴん》」から「彬」をとって、この二つを合わせた。また、結婚前の池田夫人は、未来の夫の名前を「セイヒン」と聞いて、「清い貧乏」と書くのかと思っていた。だから、本書では成彬を「せいひん」と読むことにする（池田成彬『財界回顧』）。

池田は明治二十八年（一八九五）、中上川彦次郎の主宰する三井銀行に入り、昭和八年（一九三三）三井合名会社常務理事専任になるまで、三八年の間銀行一筋に歩いた。池田の三井銀行での活動は、たんに同行の発展に大きく寄与したばかりでなく、日本の金融界および産業界に大きな影響を及ぼした。『三井銀行八十年史』は四編二三章から成っているが、章の標題に個人名を冠せているのは第一編第三章「中上川彦次郎の改革」と同編第五章「池田成彬とその後継者の時代」の二つしかない。このことは、中上川と池田が同行発展史上に聳えたつ二大人物であることを、示している。

池田は明治三十年（一八九七）十二月、中上川専務理事の下で足利支店長になったが、このとき早くも銀行家としての頭角を現した。池田の前任者は八万円の不良貸を残していたが、債務者の激しい脅迫や中傷にも屈せず、池田支店長は一銭も残さずにこれを回収した。池田の頑固・一徹振りは、すでにこの取立てに現れていた。明治三十四年（一九〇一）池田は数え年三十五歳のとき、中上川に見込まれてその長女艶子と結婚するが、縁談の相手池田について艶子が「池田さんとはどういう人です？」と父に質問すると、自分じしん強情者の中上川が、言下に「銀行一の強情男だよ」と答えた。

池田は明治三十六年（一九〇三）本店営業部長心得、翌三十七年本店営業部長と昇進した（三十八歳）。そのころ中上川はすでに他界し、早川千吉郎が三井銀行の専務理事になっていたが、行内における池田営業部長の勢力は早川専務理事をしのいでいた。「早川氏は……事いやしくも銀行の仕事に関するかぎり全然無方針、無定見であって、営業部長池田成彬君の一挙手、一投足に左右されたものである」（小林一三『逸翁自叙伝』）。

明治四十二年（一九〇九）十月三井銀行が株式会社に改組されると、早川千吉郎・池田成彬・米山梅吉の三人が常務取締役として並ぶことになったが、その実権は池田によって握られていた。ついで大正八年（一九一九）七月、同行が一億円に増資した際、早川は筆頭常務を退き、池田が名実ともに筆頭常務となった（社長は三井高保、大正九年一月三井源右衛門にかわる）。三井銀行における池田の支配的地位は、明治三十七年営業部長就任以来昭和八年九月まで約三〇年に及んだ。その間における銀行家池田の俊敏さと一徹・強情さを物語るエピソードを、一つだけ左に紹介する。

昭和二年（一九二七）三月二十七日台湾銀行は神戸鈴木商店との悪因縁を絶ちきるため、同商店への新規貸出をいっさい中止する旨、通告した。これを知った三井銀行は、台湾銀行に対する三、〇〇〇万円のコール全部を、他行にさきがけて容赦なく引き揚げてしまった。当時台湾銀行の救済が政治問題となり、台銀救済に関する緊急勅令案が枢密院に諮詢されることになって、同年四月枢密院議長平沼騏一郎は、この問題について池田の意見を求めた。それは、台銀の破綻が財界にどういう影響を及ぼすかという質問であったが、池田は平沼に向かって「台湾銀行が潰れても何の影響もないでしょう」と答えた。他方三井銀行は、鈴木商店に対して五〇〇〜六〇〇万円の貸付を行っていたが、これにはじゅうぶんな担保をとってあったので、それを処分すると、一文も引っ掛からないで済んだ（池田成彬『古人今人』および『財界回顧』）。

当時の三井銀行は、池田の指揮の下に、金融恐慌恐るるに足らずという態度を堅持していたが、その後の恐慌・不況のなかでますますその力を増大し、三井合名・三井物産および三井鉱山による三井財閥の産業支配の拡大を、金融の側面から援護し、促進した（拙著『三井財閥史・大正・昭和編』を参照願いたい）。

池田、「三井の総帥」を継ぐ

昭和七年（一九三二）三月、三井合名会社理事長団琢磨がファシストの凶弾にたおれたあと、池田成彬は団をついで「三井の総帥」になっていくが、その前にまず池田成彬（三井銀行筆頭常務取締役）は同年三月、米山梅吉（三井信託会社会長）・牧田環（三井鉱山筆頭常務取締役）・安川雄之助（三井物産筆頭常務取締役）とともに、三井合名会社理事を兼ねることになり、団亡きあとの三井合名最高スタッフの補強の役目をつとめる。団の生前、三井合名の経営陣は社長三井八郎右衛門高棟《たかみね》・理事長団琢磨・常務理事有賀長文・同福井菊三郎で構成されていたが、事実は団のワンマン・コントロールが行われていた。そこで団を失った三井合名は右のように四理事を補充し、二常務理事と四理事の合議による集団指導制をとることになり、池田は指導者の一人となった。

が、それより一年後の昭和八年四月、三井高棟が隠居し、その長男高公《たかきみ》が八郎右衛門を襲名して三井合名社長に就任する。ついで同年九月、三井高公の懇望により、池田は三井銀行筆頭常務を退いて三井合名の経営に専念することになり、同社筆頭常務理事に就任した。その結果、二常務理事と四理事の合議制は廃止され、池田が全責任をもって三井合名を指導することになった。ときに池田六十七歳である。

かくして団にかわって「三井の総帥」となった池田は、それ以後みずから立案・作成した定年制により昭和十一年（一九三六）四月、七十歳で三井を退くまで約三年の間、三井をファシズムの攻撃から守り、その安全をはかることに心をくだいた。

そのために池田の講じた主な方策は、

㈠　公共事業・社会事業のために大金を支出すること（三、〇〇〇万円を投じて財団法人三井報恩会を設立）
㈡　三井一族を事業の第一線から退陣させること
㈢　三井系の優良会社の株式を公開・分譲すること
㈣　三井関係者のなかで社会から最も激しい非難・攻撃を受けていた経営者・三井物産筆頭常務の安川雄之助（世にあだ名して「カミソリ安」）を、引退させること

――の四つであった。

これらの方策、特に三井報恩会の設立などの大金の支出は、三井合名会社の財務内容をいちじるしく悪化させたが、三井のイメージ・チェンジの点では成果をあげ、折柄の「軍財抱合い」気運の台頭、日中・太平洋両戦争の勃発という大きな客観情勢の転換とともに、三井財閥は延命に成功する。

他方、団琢磨の財界代表としての地位は、木村久寿弥太と郷誠之助とによって引きつがれ、池田は形の上では「財界代表」にはならなかった。すなわち、日本工業倶楽部理事長は三菱合資会社総理事木村久寿弥太によって、日本経済連盟会会長は、東京および日本商工会議所会頭・全国産業団体連合会会長で「財界大御所」の郷誠之助によって、それぞれ引きつがれた。

そのころから日本工業倶楽部は、一般経済情勢の調査研究や建議活動を日本経済連盟に、

労働問題に関する調査研究を全国産業団体連合会にそれぞれ譲り、みずからは財界の社交機関に徹するようになっていた。そうした機関としての日本工業倶楽部の理事長は、その後木村久寿弥太から大橋新太郎・磯村豊太郎・井坂孝に受けつがれて、終戦にいたった。また、日本工業倶楽部にかわる経済団体としての二つの最高総合経済団体（経済連盟と全産連）の会長は、郷誠之助が兼ねて昭和十七年（一九四二）一月、郷の死にいたった。

かくて池田成彬は、団のように三井の総帥と財界代表とを兼ねることはなかったが、その代わりに三井を退いたのち、日本銀行総裁・大蔵大臣兼商工大臣・内閣参議・枢密顧問官となって、日本の経済政策を動かす地位、政界最上層へと上昇していく。

「軍財抱合い」で政界上層へ

池田成彬は昭和十一年（一九三六）四月、ファシズムからの三井防衛の重責を果たしたのち三井を去り、同時にいっさいの公職を辞した。しかし七十歳の池田は、そのあと第二の人生、それも従来以上に険峻な道を再び歩み出さねばならなかった。それ以後終戦までに池田の就任した政・財界関係の公職は、つぎの如くである。

日本銀行総裁（昭和十二年二月九日〜七月二十七日）、内閣参議（昭和十二年十月十五日、第一次近衛内閣）、大蔵省顧問（昭和十二年十二月二十七日、第一次近衛内閣）、大蔵大臣兼商工大臣（昭和十三年五月二十六日〜昭和十四年一月五日）、大蔵省参与（昭和十四年一月十三日、平沼内閣)、内閣参議(昭和十四年一月二十日～十五年八月三日、平沼・阿部・米内・第二次近衛の各内閣。昭和十五年十月三日～十六年十月二十二日、第二次近衛・第三次近衛・東条の各内閣)、中央物価委員会会長(昭和十四年三月、平沼内閣)、枢密顧問官(昭和十六年十月三十日～二十二年五月三日、東条・小磯・鈴木・東久邇・幣原・吉田の各内閣)

しかしこのころ、財界から政界に入った人物は、池田成彬に限らなかった。昭和十一年二月、二・二六事件で岡田啓介内閣が総辞職すると、同年三月、外交官出身の広田弘毅が内閣を組織し、この内閣には財界から日本勧業銀行総裁の馬場《ばば》鍈一《えいいち》が大蔵大臣に、川崎造船会社社長の平尾《ひらお》釟三郎《はちさぶろう》が文部大臣にそれぞれ入閣した。

ついで翌昭和十二年二月に林銑《せん》十郎陸軍大将に組閣の大命が下ると、林は池田成彬に入閣を求めた。林は朝鮮軍司令官在任当時、満州事変が起こったとき関東軍の要請により、独断で朝鮮軍一個旅団を朝満国境を越えて満州へ送り込んだ。そのために問題を起こし、「越境将軍」の異名をとった人物である。この林大将が、一年前まで三井財閥の総帥であり、三井のドル買いの「元凶」としてファシストから生命を狙われたことのある池田成彬に、大蔵大臣として入閣し、その上、日本銀行総裁を兼任してほしいと申し入れたのである。加うるに林は、鐘淵紡績会社の津田信吾社長を商工大臣に起用したいので、池田から津田に、その旨依頼してほしい、というのであった。

池田は「大蔵大臣と日銀総裁を兼ねることは官制上不可能だし、そのうえ自分は病弱のため大蔵大臣の劇職に堪えることができない」と固辞し、津田信吾も鐘紡を離れることはできないとして、商工大臣をことわった。その結果、池田の推薦で日本興業銀行総裁の結《ゆう》城《き》豊太郎が大蔵大臣に入り、商工大臣には伍堂卓雄が就任した（伍堂は海軍中将で日本製鉄会社社長）。そして池田は入閣はしなかったが、結城蔵相のたっての懇望で、日本銀行総裁に就任したのである。

この結城・池田のコンビは、財界から歓迎された。それは、この二人の財界有力者によって、軍部の過大な財政要求が抑制されることを期待したもので、たとえば安田銀行頭取の森広蔵は、新聞記者への談話で結城蔵相への期待をつぎのように語った。

財界として特に結城氏に期待したいのは、従来疎隔の傾向のあった軍部と財界の間に立って、両者の意見をよく疎通するように斡旋することで、これによって軍部・財界相互の認識が深められ、誤解の生ずる余地をなくしてもらいたいものだと思う。

このころから、「軍財の抱合い」という言葉がジャーナリズムによってさかんに使われるようになり、財界から政界に出て閣僚となる人がふえていった。すなわち林内閣のつぎに成立した第一次近衛内閣（昭和十二年六月～十四年一月）には、内務大臣に馬場鍈一、大蔵兼商工大臣に池田成彬が入閣した。米内光政内閣（昭和十五年一～七月）には商工・藤原銀次郎、第二次近衛内閣（昭和十五年七月〜十六年七月）には商工・小林一三、逓信兼鉄道・村田省蔵、国務・小倉正恒、第三次近衛内閣（昭和十六年七〜十月）には大蔵・小倉正恒、逓信兼鉄道・村田省蔵が、それぞれ入閣した。その後も東条英機内閣（昭和十六年十月〜十九年七月）に運輸通信・五島慶太、小磯国昭内閣（昭和十九年七月〜二十年四月）に軍需・藤原銀次郎が、それぞれ入閣している。

昭和七年の五・一五事件で倒れた犬養政友会内閣を最後として政党内閣は姿を消し、それ以後は、陸海軍人か官僚、あるいは宮廷貴族が政権の座についた。そして昭和十五年（一九四〇）になると、七月から八月にかけて政友会久原派・国民同盟・政友会中島派・民政党など全政党が解党し、近衛文麿の大政翼賛運動が進行して、大政翼賛会が組織されることになった。こうして財閥・財界は、従来のように政党に政治を任せておくことができなくなった。そして、軍部が政治を支配するままにしておけば、日本の財政・経済は破綻のほかなくなるという不安から、財閥・財界はみずから政治の中枢に乗り込み、軍部・革新官僚を牽制することが必要となった。そのため、財閥・財界は、軍部・革新官僚と時には抗争し、時には妥協しつつ、国政を担当するため、入閣することになったのである。

ところで財界の輿望をになって政治の中枢に入った池田は、いかに活動しただろうか。

財政家・政治家としての池田

まず日本銀行総裁としての池田は「近年まれにみる大物」総裁といわれたが、その在任期間はわずか五カ月半で、歴代日本銀行総裁中最も短かった。しかし、それにもかかわらず、「池田総裁在任中のわずか五カ月半の間の日本銀行の変貌は金融政策の面からみて注目すべきものがある」。これを説明すると、つぎの如くである。

池田総裁の治績は、……生産力拡充政策を遂行する上において腰の重い民間財界を軍に協力させるいっぽう、軍があまり無茶なことをしないように、経済界の意向を軍に伝達することであったという点につきるようである。しかしそれは結果において、日本銀行の金融政策が完全にインフレーションを指向することを決定づけるものであったことは否定すべくもない。この意味で池田総裁の演じた金融政策上の役割は、非常に重大なものであった。（吉野俊彦『歴代日本銀行総裁論』）

つぎに大蔵大臣としての池田は、どんな業績を残したか。池田は第一次近衛内閣の成立から一年近くたった昭和十三年（一九三八）五月、同内閣の大蔵大臣兼商工大臣となったが、翌十四年一月、内閣総辞職に伴い、昭和十四年度予算編成の途中、在任わずか六カ月で蔵・商相を辞任して、予算の編成は、平沼内閣の蔵相石渡荘太郎に引きつがれた（商相の後任は官僚出身の八田嘉明）。池田蔵相は議会で財政演説をする機会もなく、その地位を去ったのである。そして蔵・商相としての池田の役割は、「国防と財政の調和」、「軍需生産の確保」にあったが、それは池田自身がつぎの演説のなかでいうように、「戦闘行為と併行して」経済運営を行わなければならなかったからである。

今後、必要なる戦闘行為と併行して、長期建設の事業を支障なく遂行して参りますについては、多額の物資および資金を必要とするのでありまして、その需給の円滑を期するためには、生産の拡充を図るとともに、今後、相当長期にわたって、経済統制を行なう必要があるのであります。（昭和十三年十二月六日、関西銀行大会における池田蔵相演説、正伝『池田成彬伝』）

しかし、「今後、相当長期にわたって、経済統制を行なう必要があるのであります」とは言いながらも、池田は大臣就任直後の談話で株式配当制限への反対を表明するなど、急激な統制強化に抵抗しつづけた。そして国家総動員法第十一条の発動（配当制限と貸付強制命令に関する条項の発動）が昭和十三年十月八日の閣議に上程されたとき、池田はこれに反対して、内務大臣末次信正（海軍大将）・厚生大臣木戸幸一（侯爵、のち昭和十六年東条英機を首相に奏薦する）との間に激論を展開した。「池田の体験にもとづいた統制反対論は、財界を喜ばせたかわりに、軍や革新陣営を刺激した」（同上『池田成彬伝』）。

また池田は日独伊三国同盟の締結に反対し、「日本の財政経済は、英米を向うに回わして生きていくわけには、とうてい行かない」としたばかりでなく、支那事変を処理するためには、英米と事を構えてはいけないというのが、池田の持論であった。「退官後も〔蔵・商相辞任後も――引用者〕、彼は辛抱強くこのことを主張し、平沼・阿部内閣に対してこれを助言した」（同上）。

こうした池田の態度は「軍や革新陣営を刺激」し、特に陸軍は極端に池田をきらった。だから一方で、天皇に次期総理大臣を推薦する地位にあった元老西園寺公望など、政界上層が少なくも二回、池田を総理大臣候補に挙げた反面、ファシストたちは少なくも昭和十五年七月まで、池田の生命を狙いつづけた。

すなわち昭和十四年（一九三九）八月、平沼内閣が総辞職したとき、池田は次期総理大臣候補に挙げられたが、陸軍の反対にあい、結局陸軍大将阿部信行に大命が降下した。ついで昭和十五年一月、阿部内閣が瓦解したとき、再び池田が次期総理の候補に挙げられたが、近衛文麿や木戸幸一が反対して、海軍大将米内光政に大命が下った。近衛や木戸が池田総理に反対したのは、「池田が今出たら殺される」という理由からであった。元老西園寺は「一人ぐらい殺されても、しようがないではないか」と言ったが、やはり池田首相は実現しなかった（前掲『財界回顧』）。

池田とは思想も立場もちがう労働運動家、評論家の間にも、池田を評して「清廉な人格、卓抜した識見、剛毅な精神」とする者があった（鈴木茂三郎『財界人物読本』）。池田は、政界上層部が信頼を寄せるだけの資質を、備えていたのである。しかしその反面、昭和十五年七月に発覚した「第二次神兵隊事件」でも、池田の名前は暗殺リストに載せられていた。池田は常にファシストから身辺を狙われ、昭和六年から二十年十二月戦犯に指名されるまで、護衛が付かない日は一日もなかった。

対英米戦争に反対

昭和二十年（一九四五）八月、日本が太平洋戦争に敗れ、連合軍の占領下におかれると、その年十二月、池田成彬はA級戦争犯罪人容疑者に指定され、自邸に軟禁される身となった。池田は三井財閥の最高指導者であったうえ、日本銀行総裁、大蔵大臣、商工大臣を歴任し、さらに昭和十六年（一九四一）以来枢密顧問官であったから、こうした経歴からみて、太平洋戦争を起こす上に池田が積極的役割を果たしていたのではないか、と疑われたのであろう。しかし、その翌年の五月には戦犯容疑者の指定を解かれ、自宅軟禁も解かれて、池田は戦争犯罪人でないということになった。

占領軍当局は「財閥の指導者たちが個人として好戦的であったかどうかは、さほど重要ではない。重要なのは、財閥組織が軍事的侵略に好都合な機構的手段を提供したことである」としたが、このような論理からゆけば、池田が最高責任者として指導した三井財閥、日本最大・最強の三井財閥は、そうした非難を受けなければならず、指導者池田も、また戦争責任を追及されなければならなかったであろう。しかし、池田個人は元来親英米主義であって、米英との戦争を積極的に企図したとは、著者には考えられない。また、彼が枢密顧問官に就任した二カ月後に太平洋戦争が勃発しているが、彼の語るところによると、枢密顧問官に対しては、戦争の開始は、事後に報道されたに止まった。つぎの如くである。

小汀　太平洋戦争開戦の時の〔枢密顧問官の——引用者〕会議の模様は如何でした？

池田　十二月八日の開戦の日ですね。あれは大体その前に東郷外務大臣が来て枢密院に真相を述べなければならないはずだったけれども、それをしなかった。それは事態が極めて切迫しておったから、それを枢密院で言うと露《ば》れるから、態《わざ》と枢密院に遠ざかっておったのですね。それで八日の朝四時頃、すなわち夜明に電話で各顧問官を起して、朝の七時から委員会があるから来いというのです。私は病気して比処（大磯）で寝ていたが、直ぐに上京しました。しかし七時だから会議に間に合わなかった。また郊外におった三土忠造君も間に合わず、小幡酉吉君等三、四人遅れて行った。既に委員会は央《なか》ば済んでいたので、私等が行った時には一人の委員が質問したのに対して、島田海軍大臣が、「もう今時分はハワイをやっておりますよ」と言っていました。その頃はもう十時頃だったでしょう。そこで、「もうやってしまっておるのなら、今更彼是言っても仕様がないから、議論は止《や》めにしよう」と言って、委員会を途中で止《や》めました。そこで直ぐ本会議を午後に開いたのですが、議事は開戦、非開戦を決めるのではなくて、ただ詔勅の御諮詢ですから、それについてはどういう経過を辿って来たものなのか、当時のことは皆余り知らないから、いろいろな質問があったが、すでに現実に戦争をやっておるので、「今更詔勅をいけないと言っても仕様がないじゃないか」ということで、本会議で消極的意味に於ける満場一致で可決したものなのです。(前掲『財界回顧』)

東条英機との抗争

こういう事情であったとすれば、池田の枢密顧問官時代に太平洋戦争がはじまったというだけのことで、彼が対米戦争において好戦的だったとすることはできない。ことに池田個人は、戦争について内閣総理大臣東条英機と意見を異にし、これと抗争していた。戦いたけなわのころ、池田の三男である豊は三十五歳で一兵卒として召集され、華中戦線に送られる途中、九州福岡市にいたが、「東条首相は使を派して池田に妥協を申し入れ、政治的休戦の代償として豊を安全なる東京の勤務に移すべしといって即座に拒絶せられたる事実」があった(池田潔「父の泪」、池田成彬『私の人生観』所載)。

昭和十九年(一九四四)七月十八日、東条英機内閣は総辞職を行うが、この総辞職は、秘密裡に行われた重臣たちの東条内閣打倒工作が奏功したものであった。これらの人びとは、早期に戦争を終結させるために東条内閣を打倒するほかなしとして、そのための秘密工作を行った。これには、若槻礼次郎、岡田啓介、平沼騏一郎、広田弘毅、阿部信行、近衛文麿、米内光政らの人びとが加わり、池田はかげの役割を演じていた。

政戦両略の指導権を一手に収め、憲兵組織を駆使して政界に重圧を加えてきた東条内閣は、こうして倒れたが、この断末魔にいたるまでの、あがきは深刻をきわめた。倒閣を策する重臣、政客には、つねに尾行の目が光り、いつなんどき逮捕拘留の難がふりかかるかわからなかった。

池田に対しても〝陰謀の黒幕〟として、東条の手はのびていた。護衛の名目で四六時中行なわれた監視の目を逃れて行動することは、すこぶる困難であったのみならず、懐柔の魔手も絶えず動いていた。（前掲『池田成彬伝』）

三男豊についての前記の東条の申し入れは、ここに言う「懐柔の魔手」の一つであったのであろう。池田が、この東条からの妥協申し入れを拒否したのち、三男豊は華中戦線に送られ、終戦後一年近くたったころ、その戦病死のしらせが、家族に伝えられ、それから数か月ののち遺骨が届けられた。「それ以来、父は眼にみえて衰えだしたと思う」（池田潔、同上）。それから四年ほどののち、池田成彬は昭和二十五年（一九五〇）十月九日、大磯の自邸で八十四年の生涯を終わった。死の直接の病因は腸潰瘍であった。

7　小倉正恒＝戦時下住友財閥の指導者

小倉正恒

住友における立憲番頭政治

徳大寺隆麿が住友家に婿入りして住友吉左衛門友純《ともいと》となった明治二十六年（一八九三）から、病没する昭和元年（一九二六）までの三三年間に、住友家の財産は七二〇万円から一億七、〇〇〇万円へと二三倍にふくれあがった。その間に住友家の経営する諸事業は多角化し、膨脹・発展した。

友純を嗣いだ十六世吉左衛門友成（友純の二男）の時代になると、住友の事業はますます多角化し、いっそう巨大化した。友成が嗣いだころの住友合資会社は、資本金一億五、〇〇〇万円で、それ自体別子銅山・忠隈炭鉱・製銅販売店その他の直営事業を経営するほか、子会社として一一の株式会社、その資本金合計一億八、九〇〇万円（うち払込一億四、一〇〇万円）を持っていた。住友はすでに、住友合資会社を親会社とする「財閥」を形成し、その規模は、三井・三菱についでわが国第三位であった。

が、それ以後、満州事変、日中・太平洋両戦争を経たのちの住友財閥は、資本金三億円（うち払込二億五、〇〇〇万円）の株式会社住友本社の下に、直系・準直系・特殊関係の諸会社を合わせて二五の会社、その公称資本金合計一五億円（うち払込一二億四、〇〇〇万円）を持つにいたっていた。昭和元年と昭和二十年（一九四五）とを比較すると、住友傘下の会社の払込資本金合計は八・八倍強に膨脹している。

しかし、こうした住友財閥の飛躍的な発展の上に、家長友純も友成も、直接経営に寄与するところは、ほとんどなかった。住友の事業経営は、住友家に雇われた専門経営者・番頭たちによって行われ、家長は「象徴的君主」として君臨するに過ぎなかった。そして、大正十年（一九二一）二月、個人経営の住友総本店が住友合資会社に改組されるのを機会に――資本所有の関係は全く従来と変わらなかったけれども――番頭政治は、商法を拠りどころとする新たな制度として、確立されるにいたった。

資本所有の関係が従来と全く変わらなかったというのは、次のような事情を指す。住友合資会社は資本金一億五、〇〇〇万円で、そのうち一億四、八〇〇万円（九八・七％）は社長の住友吉左衛門が財産出資し、残り二〇〇万円（一・三％）は、吉左衛門の婿養子住友忠輝と三人の実子（いずれも男子）とが、それぞれ五〇万円ずつの財産出資を行った。資本金の全額を住友家で占有し、そのほとんど全部を家長吉左衛門が占めていた。

しかし、さきに「4　住友吉左衛門」でも一言したように、合資会社への改組は、経営体制上大きな意義を持っていた。というのは使用人重役の鈴木馬左也《まさや》・中田錦吉・湯川寛吉の三人が、住友合資会社の労務出資社員・無限責任社員・業務執行社員となり、そのうち鈴木馬左也は、住友吉左衛門と並んで代表社員となったからである。使用人を労務出資社員として合資会社（あるいは合名会社）の社員（この場合は世にいわゆる「会社員」・従業員ではない――念のため）に加えることは、きわめて稀であって、例えば三井や三菱には、そのような例はない。住友だけがこのようなやり方をしたのは、いわば番頭政治の「法制化」とでも称すべきであろう。

右のようにすることにより、三人の専門経営者・使用人重役は、「社員」たる役員として合資会社そのもののなかに組み込まれた。他方、住友家（主人側）では吉左衛門と忠輝とが無限責任社員となったが、吉左衛門の実子三人（うち二人は未成年者）は有限責任社員として、単に名義をつらねるだけで、業務の執行には全く無関係であった。

このようにして専門経営者の地位を商法により裏付け、強化したほか、「事業の興廃・変更など重要な案件を審議し、社長の決裁に備える」ための機関として、住友合資会社の役員以外の幹部職員をも加えて「理事会」が設置されることになった。鈴木馬左也総理事と、中田錦吉・湯川寛吉・草鹿丁卯次郎《ちょうじろう》・山下芳太郎・小倉正恒の五人の理事（うち中田・小倉は常務理事）とをもって構成された理事会が、それである。かくして家長である社長は「決裁」はするが、実質的には総理事が経営についての最高責任と最高権限を持つという制度が、確立した。

歴代の法学士・官僚出身総理事

住友総本店の住友合資会社への改組は、住友総本店総理事鈴木馬左也の手によって行われた。この鈴木は広瀬宰平《さいへい》・伊庭《いば》貞剛《ていごう》につぐ明治以降三代目の総理事であったが、広瀬・

伊庭が正規の近代学校教育を受けていなかったのに対し、鈴木は帝国大学出身の法学士で、住友最初の法学士総理事であった。鈴木は明治二十年（一八八七）七月帝国大学法科大学を卒業し、内務省および農商務省の官吏を経て、明治二十九年（一八九六）四月住友本店に入り（数え年三十六歳）明治三十七年（一九〇四）七月総理事になったが、住友合資会社創立の翌年（大正十一年）十二月、六十二歳で世を去った。住友に勤務すること二七年、総理事の地位にあること一九年に及び、彼の総理事時代に、住友は大阪の一富豪から三井・三菱につぐ日本の大財閥にまで発展した。

鈴木を継いで総理事となった中田錦吉は、元治元年（一八六四）秋田県大館の士族の家に生まれ、鈴木よりも三歳年少であった。中田は明治二十三年（一八九〇）帝国大学英法科を卒業して司法省に入り、東京控訴院部長にまでなったが、司法畑の実力者平沼騏一郎が鈴木馬左也に中田を推薦し、鈴木がこれを伊庭貞剛に推薦して、明治三十三年（一九〇〇）三十七歳で中田は住友に迎えられた（平沼と鈴木とは、帝大以来の友人であった）。住友における中田は鈴木の下で別子鉱業所副支配人となって以来ずっと鈴木の女房役をつとめ、別子鉱業所支配人、住友銀行支配人、同筆頭常務取締役などを歴任し、鈴木の病没の直前、住友総理事となった。ときに五十九歳で中田の総理事としての在任期間は大正十一年十一月から十四年十月まで、まる三年足らずであった。中田のあとを湯川寛吉が継いで、総理事になった。

湯川寛吉は明治元年（一八六八）紀伊国新宮藩（水野家）の侍医の家に生まれ、前記中田錦吉より四歳年少であったが、中田と同じ明治二十三年に帝国大学独法科を卒業した。大学卒業後湯川は逓信省に入り、大阪管理局長にまでなったが、明治三十八年（一九〇五）二月、ときの逓信大臣大浦兼武の推薦で、鈴木総理事の下に住友へ入った。ときに湯川三十八歳であった。湯川は理事兼住友総本店支配人、住友銀行筆頭常務などを歴任し、のちに中田を継いで住友総理事になった。

湯川を住友に迎えたことは、それ以後、逓信省を経て、東京帝国大学工科大学電気科出身の優秀な技術者を、ぞくぞく住友に迎えるキッカケとなった。湯川の手で大正初年、利《り》光平夫《こうやすお》が住友に入り、利光の手で大屋敦が入り、ついで肥後八次、秋山武三郎、別宮《べっく》貞俊、梶井剛が、それぞれ住友に迎えられることになった（前掲脇村義太郎「住友財閥の人々」）。

湯川は大正十四年（一九二五）十月総理事となり（五十八歳）、昭和五年（一九三〇）八月、後事を小倉正恒に託して住友を退いた。その小倉も、鈴木馬左也・中田錦吉・湯川寛吉と全く同じように、東京帝国大学法科大学→官界→住友というコースをたどった。

住友マンとしての小倉正恒

小倉正恒は明治八年（一八七五）三月旧加賀金沢藩（前田家）藩士の子として金沢市に生まれ、少年時代から旧武士の先生たちによって漢籍を教えられた。小倉正恒の教養の根底には、漢学がある。

正恒は金沢の第四高等中学校の補充課（のち第四高等学校）を経て明治二十七年（一八九四）二十歳のとき、東京帝国大学法科大学英法科に入学した。第四高等中学校の同級生には泉鏡太郎（鏡花）や徳田末雄（秋声）という後年の作家たちがいたが、小倉は、同郷、同学の先輩井上友一のすすめにより、法学・官界という進路を選んだ。井上はのち東大法科を出て内務官僚となり、東京府知事となった。

明治三十年（一八九七）七月小倉は二十三歳で大学を卒業すると、同じく先輩井上友一のすすめに従って内務省に入り、土木監督署書記兼内務属を経て山口県参事官になったのち、大学の先輩鈴木馬左也の招きに応じて明治三十二年（一八九九）五月、住友に入った。鈴木はそのとき別子鉱業所支配人であった。小倉はときに数え年二十五歳で、四人の法学士・官僚出身総理事のなかでは、住友入社時の年齢が最も若かった。そのころの住友は、新規大学卒業者を雇い入れることはなく、官界での経歴を経た人ばかりを採用した。住友で大学および専門学校の新卒業生を多数に採用するのは、日露戦争以後、明治四十年（一九〇七）からのことである。

鈴木馬左也が小倉正恒を住友に招聘した条件の一つに、小倉を住友から外遊させるということがあった。この約束が果たされて小倉の住友入社九カ月目の明治三十三年（一九〇〇）三月、「商務研究のため」小倉は欧米諸国へ留学を命ぜられた。その挨拶に小倉は総理事伊庭貞剛のところへいったが、そのとき伊庭は小倉に向かって、「君を外国へやるのは一住友のためでなくて、国家のためにすることである。だから君は、西洋へ行ったら、なんでも好きなことを勉強したまえ。小さな、専門的なことを勉強する必要はない。大局をつかむため、大きく物ごとをつかむための、物の考え方や見方を勉強してくればよろしい」と、言った。そして「日本へ帰ったのち、住友にいたければいてもよし、住友にいるよりも、よそで働く方がよいと思うならば、自由に住友を辞めてよろしい」と付け加えた。

伊庭が小倉に与えたこの言葉は、いわゆるハッタリではない。「4　住友吉左衛門」の末段のところで、著者は「住友の道義的精神の伝統」、「伊庭貞剛が住友に残した遺産」について一言しておいたが、伊庭貞剛は「タテマエ」ではなく「ホンネ」として、こういうことをいう人物であった。伊庭の残した「住友精神」についてはなお後述しよう。

さて、住友に入った小倉は、昭和十六年（一九四一）四月六十七歳で住友を退くまで、足かけ四三年にわたって住友マンとして活動し、昭和五年（一九三〇）八月からの最後の一〇年余りは、住友合資会社代表社員から株式会社住友本社代表取締役・総理事となり、経営の最高指導者として活動する。この間に小倉は住友吉左衛門友純・友成の二人の家長につかえ、また伊庭貞剛・鈴木馬左也・中田錦吉・湯川寛吉の四人の総理事につかえた。

住友の従業員になった小倉は大正二年（一九一三）六月住友総本店支配人に昇進し、その後大正七年（一九一八）一月理事、大正十年（一九二一）二月住友合資会社常務理事兼経理部長、大正十四年（一九二五）十月住友合資会社業務執行社員と昇進していくが、住友総本店支配人に就任したときから、すでに小倉は住友関係事業と住友家家政の重要な決定にはすべて参加するようになり、やがて昭和五年八月に、いよいよ住友合資会社代表社員・総理事となった。ときに五十六歳であった。

総理事としての小倉正恒

小倉正恒が総理事に就任した昭和五年八月は、恐慌のまっさいちゅうであった。昭和二年の金融恐慌につづく不況、金輸出再禁止をはじめとする浜口民政党内閣の緊縮政策、昭和四年（一九二九）秋のウォール街の株式暴落に端を発する世界恐慌と、相つぐ恐慌のなかで日本経済はあえぎ、苦しんでいた。小倉が総理事になった翌年（昭和六年）には、東北地方を中心とする冷害凶作のため、農村の苦しみはいっそうひどくなり、恐慌はさらに深刻化した。都会には失業者があふれ、東北地方の農村では娘を娼妓や酌婦に売る者がふえた。他方大財閥では、弱小企業や弱小銀行を併呑し、あるいは弱小銀行の預金を吸収して、その力を加え、日本の金《かね》はこれら大財閥の手に集まっていった。

そのころ住友十六代家長吉左衛門友成は、二十二、三歳であった。法律・経済の学をきらって京都帝国大学文学部で国史を専攻していたが、「年々に失業者増す世の中に金はいよいよ片寄りゆくらし」という短歌をつくった。友成は泉幸吉と号する歌人で、斎藤茂吉に師事していた。友成は「蒲柳の質で、内気で、静かな人で」、生まれつき神経がほそく、感情のこまやかな人で、「風にふるえる蘆の葉のような趣きの人で」あったから（前掲川田順『住友回想記』）、その父友純と同様に、経営者としての資質・能力に恵まれていなかった。住友経営の万事を、小倉総理事に任せていたのである。小倉はこの家長の下で、全力を住友の経営に傾け、不況のなかでかえって積極方針をもって住友の事業を推進した。

小倉が総理事として住友財閥の総指揮をとったのは昭和五年八月から昭和十六年（一九四一）四月までの一一年ほどの間であるが、その総理事就任の翌年九月、満州事変が勃発した。ついで昭和十二年（一九三七）七月日中戦争が、十四年（一九三九）九月には第二次世界大戦が起こり、日本は一歩一歩太平洋戦争への道を辿った。世はまさに「非常時」であったが、この時期に住友財閥は、飛躍的発展をとげる。なかでも軍需素材をつくる金属工業部門は驚異的な躍進をとげ、この部門は住友財閥のなかで、最も大きな比重を占めるようになっていった。

軍需素材財閥の確立

昭和十二年三月、小倉総理事の下で、住友合資会社は株式会社に組織を変更するが、この改組は、新たに株式会社住友本社を設立し、住友合資会社は、その営業を住友本社に譲渡したのち解散する——という形式をとった。住友合資会社も株式会社住友本社も、資本金は一億五、〇〇〇万円、全額払込済で、その点には全く変化はなかった。

このとき住友本社は一一の連系会社（直系子会社）を持っており、その払込資本金の総額は二億二〇〇万円であったが、そのうち軍需工業に直接・間接の関係を持つものは、住友金属工業・住友鉱業・住友電線・住友機械・住友化学・住友アルミニウム製錬の六社で、これらの払込資本金の合計は一億二、五〇〇万円であった。それは住友本社の直系子会社の払込資本金全体のうち六一・七％を占めた。

軍需工業とはいっても、住友には直接の武器・兵器・弾薬・軍用機・艦艇などを製造する工業はなかった。軍需素材を生産する工業に限られ、住友で最も強大な素材工業は、住友金属工業株式会社であった。この会社は昭和十年（一九三五）九月、住友伸銅鋼管株式会社（資本金二、五〇〇〇万円）と株式会社住友製鋼所（資本金一、五〇〇〇万円）とが、合併すると同時に資本金一、〇〇〇万円を増加し、ついで昭和十二年九月に倍額増資して資本金一億円（うち払込六、二五〇〇万円）となった。

住友金属工業会社は伸銅業・製鋼業・鋼管製造業の三部門に分かれていた。伸銅業部門では銅・真鍮の板・線・棒、スチームタービンの翼、航空機材料のジュラルミン、マグネシウム合金などを製造していた。ジュラルミンは航空機・自動車・軍艦の生産に欠くことのできない素材で、昭和十二年ごろの同社のジュラルミン生産能力は年産一、〇〇〇トンと、日本最大であった。それにつぐものは、古河電気工業会社の年産四五〇トンであった。住友金属のジュラルミンは量の点で大きかったばかりでなく、その強力ジュラルミンＥＳ

Dは世界水準に達していた。

製鋼業部門の特色はKS磁石鋼、新KS磁石鋼、KS高速度鋼、マンガン・ニッケル・クローム・モリブデンなどの合金鋼、その他の特殊鋼を製造することであった（KS鋼は住友の出資・後援で本多光太郎博士が創出したもので、「KS」は住友吉左衛門の英文頭文字からとった）。KS磁石鋼は、その磁力の強さにおいて世界的なものである。

鋼管製造部門では、継目なしの引抜鋼管を製造していた。軍艦に使う鋼管は、対圧性の強い継目のないものが要求され、昭和十年以後、この部門の大々的な拡張が行われた。

この住友金属工業会社は、小倉が総理事を辞めるころ、公称資本金二億円、払込資本金一億五、〇〇〇万円に膨脹していた。住友金属工業会社の源流は明治三十年代まで遡るが（住友伸銅場と住友鋳鋼場——一一三〜四ページ参照）、時勢の要求と国家の要請に即応して、小倉は住友のこの伝統的事業の飛躍的拡大を図ったのである。

新事業分野への進出

同時に、やはり小倉総理事時代に、住友財閥は全く新しい事業分野にも乗り出した。その一つはアルミニウム製錬事業で、昭和九年（一九三四）六月、住友アルミニウム製錬株式会社を設立し、三井・三菱に先んじてこの工業に乗り出した。同社は、住友の関係会社である飾磨《しかま》化学会社と住友化学工業会社からアルミナの供給を受けてこれをアルミニウムに製錬し、同系の住友金属工業会社と住友アルミニウム工業会社が、これを消化した。

日本でアルミニウムの国産が開始されたのは昭和九年のことである（日本電気工業＝昭和電工＝大町工場が最初）。それ以後終戦までの日本のアルミニウム生産高は、日本内外地を合わせて五五万二、〇〇〇トンを示したが、このうち住友アルミニウム製錬会社の生産高は七万八、〇〇〇トンで、一四・一％を占めた。昭和電工会社（森コンツェルン）の一五万八、〇〇〇トン、日本軽金属会社（古河と東京電灯会社の共同事業）の一四万四、〇〇〇トンについで、住友アルミニウム製錬の生産高は日本第三位であった。

小倉総理事時代の住友は、金属プロペラの製造にも進出した。日本におけるプロペラ製造は第一次世界大戦後、陸海軍工廠・日本楽器製造会社（住友系）・愛知時計電機会社などで行われるようになったが、いずれも外国から特許を買った木製のものであった。大正末期になると三菱内燃機会社や中島飛行機会社で金属プロペラを製造するようになり、住友伸銅鋼管会社でも金属プロペラ素材を作り、これを海軍や川西航空機会社に納入するようになった。

が、やがて海軍航空本部技術部の山本五十六部長から、住友は素材の提供だけに止まらず、金属プロペラ製造までの一貫作業に進むことを、強く要請されるようになった。そのため、昭和八、九年ごろから住友伸銅鋼管会社と日本楽器会社では、金属プロペラの製造を開始した。住友は、中島飛行機会社の持っていた米国ハミルトン・スタンダード会社の金属プロペラ（ハミルトン式固定節プロペラ）の製造権を買いとり、これを日本楽器会社にも分権して、住友伸銅鋼管では海軍用、日本楽器では陸軍用のプロペラの製造を開始したのである。

のち住友金属と日本楽器ではハミルトン式二節可変節プロペラを製造するようになって、昭和十二年海軍の九六式陸上攻撃機に採用され、また住友金属はハミルトン式定回転（恒速）プロペラを製造して、昭和十四年に海軍の零式艦上戦闘機（零戦）に採用された。「プロペラは陸海軍を通じて九七、八％は住友金属がつくっていた」（安藤良雄編著『昭和政治経済史への証言・中』）（金属プロペラの記述は、主に東洋経済新報社『昭和産業史・第一巻』、および堀越二郎・奥宮正武著『零戦』による）。

海軍秘密工場の新設

以上のほかに住友では昭和九年（一九三四）十一月に別子鉱業所の新居浜《にいはま》製作所を分離して、住友機械製作株式会社（資本金公称五〇〇万円、払込三七〇万円）を設立した。これは、主に鉱山用機械や起重機などの搬送機を作る工場であったが、のち日中戦争から太平洋戦争中にかけて、同工場の敷地内に海軍の秘密工場（社内では「精機工場」と呼んでいた）を設置し、ここで海軍用の特殊形減速機を製作した。そのことは陸軍にも秘密にされていたが、これは住友機械会社が昭和十三年初め、ドイツのサイクロ社から獲得した減速機の特許権に基づき、昭和十四年ごろから製造を開始したものであった。

減速機というものは、回転軸の速度を段階的または連続的に減速させる装置で、工作機械・自動機械・車輌などに広く利用されるが、住友機械会社で製作するものは、軍用の特殊のものであった。それらは、軍用機の㈠プロペラのピッチ変更に用いるもの、㈡機関銃座の風房回転用のもの、㈢脚引込用のもの、㈣爆撃機の弾体吊上装置や弾倉の扉開閉用のもの、および潜水艦に装備する潜望鏡昇降装置用のものなどであった（早川幸市『住友機械六十年史物語』）。

以上のような新分野への進出のほか、住友は三井・三菱にさきがけて、また鮎川義介よりも早く、昭和九年九月、満州住友鋼管株式会社（資本金公称一、〇〇〇万円、払込四五〇万円）を設立、満州に進出した。これは昭和製鋼所（満鉄の直系子会社）から鋼材の供給を受けて、各種の缶《ボイラー》用鋼管・機関車用鋼管その他一般用鋼管・油井用鋼管・ガス管などを製造するものであった。その工場は奉天省鞍山工場地区に設けられ、昭和十年十一月から操業を開始した。住友が満州進出に関連して関東軍に接触しはじめたのは、昭和七年のことであった。満州住友鋼管は昭和十三年一月、満州住友金属工業株式会社と改称し、終戦のときには資本金は公称払込とも、三、〇〇〇万円（創業時の三倍）に増加していた。

かようにして住友の軍需素材部門は日中・太平洋両戦争下に拡大をつづけ、昭和十八年（一九四三）に軍需会社法が制定されると、住友本社の直系会社一六社のうち下記の九社が軍需会社に指定された。住友鉱業・住友電気工業（旧住友電線）・住友通信工業（旧日本電気）・住友金属工業・住友機械工業（旧住友機械製作）・住友化学工業・住友アルミニウム製錬・朝鮮住友軽金属・住友共同電力。

また住友本社の支配下にあった重工業および化学工業会社の払込資本金の合計は、昭和十二年の一億七、〇〇〇万円から昭和二十年には一四億五、〇〇〇万円へと八・五倍に増大するが、住友のこうした軍需素材工業への傾斜とその巨大化は、小倉総理事時代に、すでに方向づけられていた。

小倉正恒の政界入り

小倉正恒は右のような業績を残したのち、昭和十六年（一九四一）四月、住友本社代表取締役・総理事の後任に古田俊之助を推薦して住友を退き、第二次近衛内閣の国務大臣に就任した。同内閣はその前年七月に成立していたが、間もなくその年九月に第一次改造を行い、ついで十二月に平沼騏一郎を副総理格の国務大臣として入閣させた。さらに十六年四月には第二次改造を行って、商工大臣小林一三を更迭、海軍大将豊田貞次郎をその後任とし、また企画院総裁星野直樹を、興亜院総務長官心得で陸軍中将の鈴木貞一と入れ替えた。これは、企画院の作成した「経済新体制」をめぐる財界出身の小林商工大臣と「革新勢力」との対立・抗争の産物であった。

そこで経済政策をめぐる軍部・革新官僚対財界の摩擦の調整と総合的な戦時経済政策の樹立を任務として、小倉正恒が国務大臣に迎えられたのであった。近衛や平沼と古くから親交のあった小倉としては、これらの人からの懇請を、むげにことわることができなかったのである。こうして小倉は政界に入ったが、第二次近衛内閣は、その後三カ月で退陣した。ついで成立した第三次近衛内閣では、小倉は大蔵大臣に就任したが、この内閣もわずか三カ月で瓦解し、小倉蔵相も短命に終わった。

第三次近衛内閣総辞職の直接の原因は、陸軍大臣東条英機が日米交渉の打切りを主張し、近衛首相との面会を拒否したことにある。かくて東条に大命降下ということになり、東条もまた小倉に入閣を要請して、かなりねばり強く交渉したが、小倉は固辞してついに受けなかった。「東条が首相になれば、日米開戦は必至であると考えてことわったのだと、小倉はいっている」（前掲拙著『小倉正恒伝・古田俊之助伝』）。政界に入ってから、終戦までに小倉の就いた公職は左の如くである。

昭和十六年（一九四一）　四月住友本社退職、第二次近衛内閣の国務大臣となる。七月同内閣総辞職により国務大臣辞任。同月第三次近衛内閣成立、同内閣大蔵大臣就任。十月同内閣総辞職により大蔵大臣辞任。

昭和十七年（一九四二）　四月戦時金融金庫総裁就任。

昭和十九年（一九四四）　三月戦時金融金庫総裁辞任。四月大東亜省顧問、南京国民政府全国経済委員会最高顧問となり、南京に移る。

昭和二十年（一九四五）　八月南京国民政府解消に伴い、経済最高顧問解任、上海に移る。

昭和二十一年（一九四六）　三月帰国

住友の伝統精神と戦争協力

他方、小倉正恒から住友総理事の地位を引き継いだ古田俊之助は、間もなく太平洋戦争の勃発を迎え、戦争協力に邁進することになった。古田は明治十九年（一八八六）京都府に生まれ、明治四十三年（一九一〇）七月、東京帝国大学工科大学採鉱冶金学科を卒業してまっすぐ住友の伸銅場へ入社した。古田は、住友最初でかつ最後の生えぬき総理事、かつまた工学士総理事であった。古田はその人物の誠実さが特に小倉に買われて、総理事の重責をになうようになったのである。太平洋戦争中の古田総理事は「タンク」とあだ名されたが、そのニックネームさながら、二〇万人の住友従業員の先頭に立って縦横無尽に活躍した。小倉におけると同様古田もまた、軍需素材財閥の最高指導者として、有力な戦争協力者の役割を果たした。

由来、住友では「国家公益のため」とか「国家を利するため」ということを強調するが、これは住友の永年の伝統精神であった。明治時代の総理人（後年の総理事）広瀬宰平は「常に公利公益を旨として営業の針路をとる」と言い、広瀬を継いだ総理事伊庭貞剛は、「住友の事業は、住友自身を利するとともに国家を利し、かつ社会を利する底の事業でなければならぬ」と述べた。また伊庭を継いだ鈴木馬左也は、「住友は国家と休戚を共にするの覚悟を以て、その事業の範囲を国家の要請するものに限定」すべきであるとした。小倉総理事もその経営の根本方針は鈴木のそれを理想とし、これを実践するのであるとなし、「国家公益のため」に事業を経営し、国家に必要であれば「赤字を覚悟で」事業の拡張や新規事業への進出をあえて行うといっていた。

こうした理念は住友では江戸時代から伝わっているもので、住友家の家祖政友は慶安三年（一六五〇）後人のための戒めの言葉を書き残し、そのなかで「一に国王の恩。二には天地の恩。三には父母の恩。四には衆生恩《しゅじょうおん》」を重んじなければならないと書いた。その「国王の恩」とは、「当代将軍様の御恩なり」と書かれているが、ときの将軍は徳川家光であった。つまりいうところの「国王」とは「国土安穏《あんのん》に治めさせ給い、民をあわれみたまう」、そういう権力者のことであった。

明治以来住友の指導者たちのいう「国家」がこれと同じような意味だったとしたら、明治期の「国家を利し」というのは、「富国強兵」を推進する明治政府の役に立つということであり、小倉総理事の場合でいえば、軍部の圧力の下に満州事変を遂行し、日中戦争を戦っている日本が、いうところの「国家」であった。だから、そうした時代に「その仕事の性質が国家的なり、社会的に意義がある」事業ということになれば、それは住友にあっては、当然軍需素材工業を拡大することになり、満州への企業進出を行うということになった。

住友合資会社の常務理事として、小倉総理事につぐ地位まで進んだことのある川田順にいわせると、「別子銅山を手に入れた二百五十年前に於いて、住友が他日重工業者となるべき運命は決められていたのであった。型銅すなわち原料のままで海外へ輸出することは、日本のためにも住友のためにも不利益であった。そこで型銅を加工する伸銅所の創設となった。銅の加工はおのずから鋼の加工へと横にも発展していった。そして日清戦争、日露戦争、八八艦隊計画などの外的事情が、住友その他の資本家の重工業を助長した」のである（前掲『住友回想記』）。「八八艦隊計画」というのは、明治四十年（一九〇七）策定された海軍増強計画で、艦齢八年未満の戦艦および巡洋艦（のちに巡洋戦艦と改める）それぞれ八隻を基幹とする第一線艦隊をつくる、という一大軍拡計画であった。しかし、大正十～十一年（一九二一～二二）のワシントン会議の結果、日本は老朽艦を含む戦艦六、巡洋戦艦四を基幹とする艦隊に縮小することを余儀なくされた。

それはともかく、住友はその伝統精神に基づいて、「国家公益」を目指し、国家・社会に意義ある事業として、その重工業の拡充をひたすら推進しているうちに、やがて巨大な軍需素材財閥となり、戦争に大きく貢献する存在となっていったのである。

8

岩崎小弥太＝戦時下三菱財閥を陣頭指揮

岩崎小弥太

岩崎小弥太の三菱支配とその背景

岩崎小弥太は、第一次世界大戦から太平洋戦争にかけて、三〇年にわたって三菱財閥を支配し、三井における二代の八郎右衛門（高棟《たかみね》・高公《たかきみ》）と、二人の「総帥」（団琢磨・池田成彬）を束にしたような役割を、一身に担って活動した。こうした活動を可能にしたのは、第一に三菱の伝統、第二に岩崎家の財力、第三に小弥太自身の資質と能力であった。

三井や住友とちがって三菱では、創業者岩崎弥太郎以来、弥之助・久弥・小弥太と歴代の所有者・経営者が陣頭指揮を行ってきた。「当商会は姑《しばら》く会社の名を命じ会社の体を成すと雖も、其実全く一家之事業にして他の資金を募集し結社する者と大に異なり、故に会社に関する一切之事及び褒貶黜陟《ほうへんちゆつちよく》等都《すべ》て社長の特裁を仰ぐべし」（正伝『岩崎弥太郎伝・下巻』）というのは、三菱創業以来の伝統で、この伝統は小弥太によっても受けつがれた。

昭和十二年（一九三七）十二月、三菱合資会社は株式会社三菱社（のち三菱本社と改称）に改組・改称したが、その際改組の趣旨について、小弥太は幹部職員たちに向かって一場の挨拶を行った。その言葉のなかに、小弥太による三菱財閥の支配とその権威の背景が、浮彫りにされている。それは、三菱財閥の事業と岩崎家との関係、および三菱における主従関係を窺わせるものであった。

まず岩崎小弥太は、三菱の事業と岩崎家との関係について「元来三菱の事業は岩崎の一家によって起り、その形態はどうしても一家の事業であったのである」ことを明確にしたのち、「しかしながら、日本経済の急速な発展に伴って三菱の諸事業も同時に大いに発展してきた結果、これをそれぞれ独立の会社とし、それぞれの会社の株式を公開して、今日では一社を残して、全部株式を公開するまでになった。その中核を成す三菱合資会社だけをいつまでも岩崎一家のものとしておくことはできないので、この際、三菱合資会社を株式会社とし、かつこれを持株会社にすることにした」と説明した。

ついで三菱における「主従関係」について、小弥太は「従来岩崎家と諸君（幹部職員）との関係を主従関係として解釈していた時期もあるが、今日なおこの観念が残っているようにも思はれる。これは三菱創業以来の歴史が然らしめたのであるが、時世の進歩に伴い、これは改めらるべきものであると思う」と述べ、つぎのような言葉でこれを結んだ。「私は、岩崎一家と諸君との関係は志を同じうする友人の関係であると考えるのであります。我々は、相共に会社の事業に従事している友人であるのであります。我々は物質的には利害を同じうし、精神的には理想を同じうしている同志の士であるのであります」と。

岩崎小弥太は右のように、岩崎家と幹部職員との関係を「主従関係」として解釈していた時期のあったこと、および今日なおこの観念が残っているようにも思われることを明言したのち、今後は「志を同じうする友人関係」、「理想を同じうしている同志の士である」のだと縷々陳弁しているが、このことこそ、少なくもこの日まで、三菱における岩崎家と幹部職員との関係が「主従関係」であったことを、はっきりと裏付けている。

岩崎家の財力と本社株の公開

三菱合資会社は、右のように昭和十二年十二月、株式会社に改組したが、のち昭和十五年（一九四〇）五月、資本金一億二、〇〇〇万円を倍額の二億四、〇〇〇万円に増加して、増資新株（額面一〇〇円）一二〇万株の全部を岩崎一族以外に公開した。その方法は、分系（直系）・傍系諸会社とそれらの役員・功労者に対して割当分譲を行うもので、同年八月十二日、第一回払込（一株につき五〇円）を徴収して、払込資本金は一億八、〇〇〇万円となり、株主数は四〇〇名内外となった。

ついで昭和十六年（一九四一）七月一日、第二回払込（一株につき二五円）を徴収して払込資本金を二億一、〇〇〇万円とし、さらに昭和十七年十二月末、最終払込（一株につき二五円）を徴収して、資本金二億四、〇〇〇万円全額払込済とした。その際、株式の額面を一〇〇円から五〇円に変更したため、発行総株数は従来の二倍の四八〇万株となり、また株主総数は同年末現在で一万三、二三九名となった。

岩崎久弥が社長であった時代の三菱合資会社では、岩崎家からの借入金が同社における資本調達の重要な一翼を担い、たとえば大正二年（一九一三）には同社の資本金（全額岩崎家出資）一、五〇〇万円に対し、岩崎家からの借入金がこれに近い一、三四〇万円にのぼっていた（うち久弥より一、一一六万七、〇〇〇円、小弥太より二二三万三、〇〇〇円）。この点について、三菱財閥の一研究者は、つぎのような解釈を行っている。

三菱の資金供給においては、三菱合資会社とともに、岩崎両家からの資本という「二重関係」が存在したのであり、この双方によって三菱の「自己所有」率を高めたわけである。ここに三井や住友にはみられない、三菱の特徴と、その「社長独裁（陣頭指揮）」や「封鎖的」ともいわれた「家族主義」が支配し得た一つの根拠があったのである。

（旗手勲『日本の財閥と三菱』）

しかし小弥太が三菱合資会社の社長に就任すると、大正七年（一九一八）五月、資本金を倍額の三、〇〇〇万円に増加し、それと同時に岩崎借入金勘定は貸借対照表面から消滅した。岩崎借入金を資本金に振りかえたものであろう。その後同社の資本金は大正九年（一九二〇）五月八、〇〇〇万円、大正十一年（一九二二）四月一億二、〇〇〇万円へと増加していった。そして、それと平行して三菱合資会社の直営事業を逐次分離して独立の直系株式会社にするとともに、大正九年三月の三菱鉱業会社株の公開を手始めとして、これから子会社の株式をつぎつぎと公開して、外部資本を導入したが、三菱合資会社の資本だけは、岩崎家が閉鎖的に所有しつづけた。

ところで昭和十五年五月、株式会社三菱社の株式を公開して以来、三菱社に対する岩崎両家の閉鎖的所有は解消した。しかしながら、三菱社（昭和十八年二月以後三菱本社）における岩崎家の持株率が抜群に高かった上に、三菱銀行・三菱信託・三菱海上火災・明治生命保険・東京海上火災保険・日本郵船などの三菱系法人が大株主になっていた。それに加えて、岩崎家および三菱系法人の持株以外の株式は、一万三、〇〇〇人を越える多数の株主に分散していたから、資本による岩崎家の三菱社・三菱本社支配は、少しも揺るがなかった。

たとえば、終戦時における三菱本社総株数四八〇万株のうち岩崎両家は二二八万株（四七・五％）、を所有し、これに三菱系法人三社（明治生命・東京海上・三菱信託）の持株を加えただけで、岩崎・三菱系持株は二六九万五、〇六〇株（五六・一％）と過半数を占めた（主として持株会社整理委員会編『日本財閥とその解体』および同資料、ならびに『東洋経済新報』昭和二十年十二月十七日号による）。

岩崎小弥太の幕僚たち

上記のような三菱の伝統と岩崎家の財力が岩崎小弥太の陣頭指揮を支えたほか、小弥太自身、「トップ・マネジメントとして強力なリーダーシップを発揮」しうるだけの実力と人柄の持主であった。「小弥太の父は岩崎弥太郎の弟弥之助であり、母は後藤象二郎の長女早苗である。小弥太の豪毅果断な器量をその血筋から説明する人も少くなかった」(三菱鉱業セメント株式会社『三菱鉱業史』)。

岩崎小弥太に対するこのような評価は、三菱内外からの定評としてすでに確立されているので、この点の分析には、改めて立ち入らないことにする。そして森川英正教授のいう小弥太の「専門経営者の意思決定過程への参加にもとづく陣頭指揮、いわば参加型陣頭指揮」(森川英正「岩崎小弥太と三菱財閥の企業組織」)のもとに活動した主な専門経営者たちを、列挙することにしよう。

それは、小弥太が三菱合資会社社長に就任した大正五年当時から、日中戦争の勃発した昭和十二年を経て、終戦時までの間に、左のように変化している。

(一) 大正五年岩崎小弥太の社長就任直後における三菱合資会社の事業部門別担当専務理事

総務部…荘清次郎　鉱山部…原田鎮治　炭坑部…木村久寿弥太
営業部…江口定条　造船部…丸田秀実　地所部…桐島像一
銀行部…串田万蔵　臨時製鉄所建設部…堀悌三郎

(二) 昭和八、九年ごろの三菱合資会社社長室会と三菱合資会社理事会

三菱合資会社社長室会…社長＝岩崎小弥太　副社長＝岩崎彦弥太　総理事＝木村久寿弥

太　常務理事＝青木菊雄　理事＝奥村政雄、串田万蔵、武田秀雄
三菱合資会社理事会…議長＝三好重道（三菱合資常務理事）　同議員＝三宅川《みやかわ》百太郎（三菱商事会長）、三谷一二（三菱鉱業会長）、斯波孝四郎（三菱重工業社長）、加藤武男（三菱銀行常務）、三橋信三（三菱倉庫常務）、川井源八（三菱電機常務）、松田貞次郎（三菱製鉄常務）、同幹事＝永原伸雄（三菱合資理事）、船田一雄（同上）

㈢　昭和十二年十二月創立当時の株式会社三菱社の経営陣

取締役社長＝岩崎小弥太　副社長＝岩崎彦弥太
専務取締役＝三好重道、永原伸雄　取締役＝串田万蔵、各務鎌吉
監査役＝瀬下清、加藤武男、山室宗文
（顧問……青木菊雄、塩田泰介、三宅川百太郎、浜田彪、三谷一二、松岡均平）

㈣　昭和十二年当時の株式会社三菱社の分系会社と主要関係会社の最高幹部（各社の取締役会長または社長）

〈分系会社〉

三菱重工業＝斯波孝四郎　三菱倉庫＝三橋信三　三菱鉱業＝河手捨二
三菱商事＝船田一雄　三菱銀行＝瀬下清　三菱信託＝山室宗文
三菱電機＝川井源八　三菱地所＝赤星隆治　三菱石油＝三好重道
日本化成工業＝山田三次郎　三菱海上火災＝各務鎌吉

〈関係会社〉

東京海上火災保険＝各務鎌吉　明治生命保険＝串田万蔵

(五)　昭和二十年八月終戦時における株式会社三菱本社の役員（カッコ内は分系および関係会社の主要役員兼任）

取締役社長＝岩崎小弥太、副社長＝岩崎彦弥太

取締役・理事長＝船田一雄（三菱重工業その他の取締役）

取締役・常務理事＝平井澄（三菱地所その他の取締役）、同　鈴木春之助（三菱信託その他の監査役）

取締役・理事＝加藤武男（三菱銀行頭取）、山室宗文（三菱信託・三菱地所各社長）、三橋信三（三菱商事監査役）

取締役＝斯波孝四郎（日本光学工業会長）、池田亀三郎（三菱化成工業社長）、元良信太郎（三菱重工業社長）、小村千太郎（三菱商事その他取締役）、宮崎駒吉（三菱電機社長）、田中完三（三菱商事社長）

監査役＝鈴木祥枝（東京海上火災保険・明治生命保険各取締役）、丸山英弥（東京海上火災保険・明治生命保険各取締役）、波多野義男（日本光学工業社長）

小弥太による「財閥」形成

岩崎小弥太は大正五年七月数え年三十八歳から、昭和二十年十二月六十七歳で長逝するまで、三〇年にわたって三菱を支配し、その間に三菱を「財閥」に発展させ、かつこれを巨大化した。そして巨大な三菱財閥をひきいて満州事変以来の「非常時」・戦時を通じて「所期奉公」を貫いた。

小弥太の従兄弟岩崎久弥は、明治二十六年(一八九三)十二月に叔父弥之助とともに三菱合資会社を興してその社長になり、弥太郎・弥之助の築いた三菱の事業を継承して鉱業・造船・銀行・地所・商事などの事業を経営し、その結果、日清・日露の両戦争を経て、日本の国力の増大とともに三菱は躍進をとげ、日本の経済界に確乎たる地歩を固めた。

この久弥から小弥太が三菱合資会社社長の地位を受けついだときは、まさに第一次世界大戦のまっただなかで、日本の産業が飛躍的発展をとげようとするときであった。小弥太はこの波に乗って積極的経営政策をとり、一方では三菱合資会社の直営事業をつぎつぎに分離独立して、企業集団を形づくり、他方では三菱合資会社を持株会社化して、これら企業集団を統轄する体制(「財閥」)を作りあげた。

この「財閥」化は大戦後の大正十年ごろ一応完了し、ついで昭和恐慌期から準戦時・戦時にかけて分系(直系)会社の数をふやしていった。そして久弥の時代にはなかった新しい事業分野に進出していったが、それらは製鉄・信託・保険・電機・航空機・石油・製鋼・化学工業などである。三菱の「財閥化」とその拡大の過程は、つぎの如くであった。

大正六年十月　三菱造船株式会社（資本金五、〇〇〇万円）設立（のち昭和九年四月、三菱重工業株式会社と改称、同年六月三菱航空機株式会社を合併）

大正七年三月　三菱製鉄株式会社（資本金三、〇〇〇万円）設立

旧東京倉庫株式会社が三菱倉庫（資本金一、〇〇〇万円）と改称し、三菱合資会社の直系子会社となる。

大正七年四月　三菱商事株式会社（資本金一、五〇〇万円）設立

三菱鉱業株式会社（資本金五、〇〇〇万円）設立

大正八年三月　三菱海上火災保険株式会社（資本金五〇〇万円）設立

大正八年八月　株式会社三菱銀行（資本金五、〇〇〇万円）設立

大正九年五月　三菱内燃機製造株式会社（資本金五〇〇万円）設立（のち大正十年三菱内燃機株式会社と改称、昭和三年三菱航空機株式会社と改称）

大正十年一月　三菱電機株式会社（資本金一、五〇〇万円）設立

昭和二年三月　三菱信託株式会社（資本金三、〇〇〇万円）設立

昭和六年二月　三菱石油株式会社（資本金五〇〇万円）設立

昭和九年八月　三菱化成工業株式会社（資本金五〇〇〇万円）設立（同社は当初日本タール工業株式会社として創立され、昭和十一年十月日本化成工業株式会社と改称、ついで十九年四月三菱化成工業と改称し、旭硝子株式会社を合併）

昭和十二年五月　三菱地所株式会社（資本金一、五〇〇〇万円）設立

昭和十五年十二月　旧東京鋼材株式会社が三菱鋼材株式会社（資本金二、〇〇〇万円）と改称し、三菱社の直系子会社となる

昭和十七年八月　三菱製鋼株式会社（資本金三、〇〇〇万円）設立（同年十一月三菱鋼材を合併）

巨大化した三菱財閥

岩崎小弥太が就任した当時の三菱合資会社には、後年の分系（直系）会社は一社もなく、三菱合資は内部に銀行部・鉱山部・炭坑部・営業部・造船部・地所部の六部門を持つ多角経営会社であった。その大正四年末現在の資本金は一、五〇〇〇万円（全額払込済）で、使用総資本は五、四〇九万円であった。それが三〇年後の昭和二十年、終戦時には、株式会社三菱本社の資本金は二億四、〇〇〇万円（全額払込済）となっていたから、払込資本金額はその間に一六倍に拡大された。また使用総資本は六億五五七万円となって、この間に一一・二倍に拡大された。

しかし、三菱合資会社はこの間に事業会社から株式会社三菱本社という純粋の持株会社となり、その傘下に一一の分系会社を持つにいたっている。そこで、大正四年末の三菱合資会社の資本規模と昭和二十年における分系一一社の資本規模との対比を試みると、つぎのようになる。すなわち分系一一会社の払込資本金額合計は一五億七、五三四万円で一〇五倍に増大し、使用総資本の合計額は二七一億九、一〇〇万円となって、五〇二・七倍に増大した。同時にこのことは岩崎家が、三菱本社への払込金一億二、〇〇〇万円をもって、二七二億円になんなんとする巨大資本を支配するにいたったことを、意味する。

かくして終戦時における三菱本社は、三菱重工業・倉庫・商事・鉱業・銀行・電機・信託・地所・石油・化成・製鋼（いずれも「三菱」を省略）の一一の分系会社を支配していたが、同社はこのほかに一六の関係会社と四八の傍系会社を持っていた。分系会社とは本社の直系子会社、関係会社とは本社および分系会社の投資会社のうち経営上の関係の特に深いもの、傍系会社とは総株数に対し本社および分系会社の持株割合の五〇％以上のもの、ならびに五〇％以下でも経営上の実権をにぎっているものをいう。

これらの会社の払込資本金は、昭和二十年八月現在で分系会社一五億七、五三四万円、関係会社三億六、四七五万円、傍系会社二億一、七五六万円、合計二一億五、七六五万円であった。このことは、三菱本社への払込金一億二、〇〇〇万円をもって、岩崎家は七五の会社、その払込資本金二一億五、七〇〇余万円の支配権をにぎっていたことを意味する。

以上のほかに岩崎久弥の経営する「縁故会社」があった。その主なものは以下の七社で、その払込資本金の合計は四、一八三万円と五〇〇万海峡ドルであった。三菱製紙・東山農事・東山産業・小岩井農牧・三五公司・江戸川工業所・光村原色版印刷所。

岩崎小弥太・戦時下の「所期奉公」

岩崎小弥太の正伝『岩崎小弥太伝』は、事業に対する小弥太の根本信条として「㈠国家社会に対する奉仕、㈡商行為の公明正大、㈢政治への不干与」の三つをあげ、第三の点については、小弥太が下した昭和十八年通達を、引用している。その大意はつぎの如くである。

生産に専念して国力の増強を図り、民生の安定を期するのは我らの国家に負う重大責務である。重大な責務は、ただ職域における忠実な実践によってのみ、遂行せられる。我が三菱が従来あらゆる政党、政派に関係なく、常にその運営の外に超然としていたのも、実に上述の趣旨に外ならないのである。今や交戦既に数年になるが、国家生産の重責を荷う我らは、日夜精励してもなおかつ、力の及ばないことを恐れる。我が三菱に在職するものは、その役員たると職員たるとを問わず、常に既定の方針にしたがい、断じて各般の政治的活動に干与したり、または類似の団体に参画することのないように要望する。これは決して伝統を理由にして、いたずらに古い形式にこだわるのではない。国家非常の時局に対処して、奉公の大義を全うしようとするまごころからして、そうせざるを得ないからである。

小弥太の先代弥之助は、「政治嫌い」と評されながら、じつは政界の黒幕として活躍した（前掲「2　岩崎弥之助」参照）。しかし小弥太は、表裏ともにそのような行動をとらなかった。また、政友会と憲政会（民政党）が交替で政権を担当したころ、三井・三菱はそれぞれ両党に政治資金を提供していた（前掲「5　団琢磨」参照）。しかし、五・一五事件以後政党の勢力が凋落し、さらに全政党が解党すると、財閥・財界自身が政界に乗り出し、政治に関わらねばならなくなった（前掲「6　池田成彬」参照）。そういう事態のなかで、三菱ではどの内閣にも大臣を送らなかった。のみならず、昭和十六年二月以来三菱重工業会社の社長を勤めていた郷古潔《ごうこきよし》が十八年（一九四三）三月、東条内閣の内閣顧問に就任することを勝手に承諾したとき「岩崎小弥太はこれを快しとせず、郷古を重工業の会長に移し、社長を元良信太郎に変えた」（三島康雄『三菱財閥史・大正昭和編』）。

小弥太の前記正伝は、彼が「三菱は政治軍事の圏外に立ち国家経済に対する自己の責務を果せば足りる」という根本信条を持ち、この信条を貫いたのだ、とする。正伝はまた、小弥太は「自ら求めて権門に近づくことはしなかった。同時にまた如何なる権威に対しても所信を曲げて屈従することは断じてしなかった」という。しかし、岩崎小弥太が政治軍事の圏外に立ち、如何なる権威に対しても屈従することは断じてしなかったとすれば、それは小弥太自身が一個の「権威」たりえたからにほかならない。すなわち、小弥太の支配する三菱財閥の軍需工業は民間最大最強であり、時の権力者陸海軍といえどもその力を借りなければ戦争を遂行しえなかったからにほかならない。

三菱財閥の戦争協力

三菱重工業は昭和元年から終戦までの間に軍艦三三万五、三二〇排水トンを建造し、民間の主要造船会社一二社で建造された八八万一、〇〇〇排水トンのうち三八％を占めた。三菱の造船所のうち長崎は戦艦武蔵（基準排水量六万四、〇〇〇トン）をはじめ戦艦・航空母艦・巡洋艦など四九隻を、神戸は潜水艦四九隻、横浜は各種艦船二八隻、下関は給糧艦など六隻を建造した。戦艦武蔵は昭和十三年三月、長崎造船所で起工され、十五年十一月に進水、十七年八月に竣工した。武蔵は昭和十九年十月、フィリピン・シブヤン海で米海軍艦載機の雷爆撃を受け、命中魚雷二〇本、命中爆弾一七個、至近弾二〇個以上を受けて沈没してしまったが、戦艦大和とともに、日本海軍が誇る世界最大の巨艦であった。そのほか、南方占領地ではシンガポールの全造船所と香港の香港造船所（大沽船渠《タークードック》）が三菱重工業に経営を委託されるなど、戦時下の三菱重工業が造船・建艦および修理を通じて戦争遂行の上に果たした役割は、きわめて大きかった。

軍用機では昭和元年から終戦までに、三菱重工業は陸軍機機体七、四八八台を製造した。

これは台数では中島飛行機会社の一万一、六〇〇台、川崎航空機会社の一万一、三四八台には及ばなかったし、また製造総数四万一、四五〇台のうち三菱重工業会社の占める割合は一八％に止まった。しかし、質の点では三菱が設計元であった爆撃機「九七式重爆」、偵察機「九七式司偵」(神風)と「一〇〇式司偵」は陸軍における重要機種として量産された。

海軍機では、三菱重工業会社は同じ期間に一万三四台を製造し、中島飛行機会社の一万二、五〇〇台には及ばなかったが、海軍機全体の四万七五〇台に対し、二四・六％を占めた。そして戦闘機では三菱が設計元であった「零式艦戦」(零戦)が戦闘機中最も多く製造され、爆撃機では同じく三菱設計の「一式陸攻」が活躍した。

三菱では大正九年五月機体製作に着手したが、発動機については早くも大正五年に試作準備に着手していた。そして昭和八年に「金星」、十一年に「瑞星」、十三年に「火星」を設計製作し、「金星」と「瑞星」は陸海軍第一線機に、「火星」は数種の海軍第一線機に装備されて、「ともに日華事変乃至太平洋戦争に活躍し、大量に生産され」、中島飛行機会社の「栄」についで、その生産高はそれぞれ第二、三、四位を占めた(堀越二郎・奥宮正武共著、前掲『零戦』)。昭和元年から二十年までに三菱重工業会社の製作した発動機は五万四、一三五台で、中島飛行機会社の四万四、一六〇台を一万台近く凌駕し、日本全体の四一・六％を占めた(軍艦および軍用機に関するデータは、主に東洋経済新報社『昭和産業史・第一巻』による)。

三菱財閥は、三菱重工業以外にも三菱電機、日本光学工業、日本化成工業などの重要な軍需工業を持っていた。三菱財閥は、このような軍需工業力および金融・商業上の全能力を傾けて戦争遂行に協力し、「所期奉公」を貫いた。このような三菱財閥の戦争経済力の前には、屈従すべきなんらの権門・権勢もありえなかったのである。

9 鮎川義介＝対ソ戦基地満州への進出

鮎川義介

「新興財閥」の雄・鮎川義介

昭和七年二～三月の血盟団事件（井上準之助と団琢磨の暗殺）、同年の五・一五事件、昭和八年の神兵隊事件（事前発覚）、昭和九年の十一月事件（同上）、昭和十年の陸軍省軍務局長永田鉄山殺害事件、昭和十一年の二・二六事件と、日本ファシズムの嵐が吹きあれるなかで、既成大財閥、なかでも三井がいかにして身を守るかに腐心したことについては前述した。その同じ時期、他方では満州事変以来の非常時局の波に乗って、いわゆる新興財閥・新興コンツェルンが、はなばなしく登場してくる。

満州事変以来の軍事費の膨張と金輸出再禁止（昭和六年十二月）に伴う為替相場の下落の結果、それまで発展できなかった化学工業や機械工業が、急激に勃興した。なかんずくアルミニウム製錬・各種の化学工業・自動車工業・航空機工業などの勃興は目ざましく、これらの工業を担った「新興財閥」が、急速な発展をとげた。

それらの「新興財閥」の創業者として、満州事変以後日中戦争から太平洋戦争にかけて時代の脚光を浴びたのは、野口遵《したがう》（日窒）・森矗昶《のぶてる》（森）・鮎川義介《よしすけ》（日産）・中野有礼《ゆうれい》（日曹）・中島知久平《ちくへい》（中島飛行機）および大河内正敏《まさとし》（理研）であった。満州事変が起こった当時野口は五十九歳、森は四十八歳、鮎川は五十二歳、中野は四十五歳、中島は四十八歳、大河内は五十四歳であった（いずれも数え年）。

これらの新興財閥創業者のうち、本書では鮎川（日産）と中島（中島飛行機）の二人だけを取り上げるが、鮎川を選ぶのは、日産が「新興財閥」のうち最大の規模を持ったこと、およびこれがのち満州国に移駐し、日満両国にまたがるいっそう巨大なものになることによる。また、中島を取り上げる理由については、次章「中島知久平」の項で述べる。

鮎川義介は明治十三年（一八八〇）山口県に生まれた。彼は明治の元勲井上馨の姉の孫に当たり、東京帝国大学在学中は井上家の書生になって、直接井上の薫陶を受けた。鮎川にとって、井上馨は大叔父に当たる。そのほか鮎川の長姉は三菱合資会社の総理事・木村久寿弥太の妻、長妹は久原《くはら》房之助（藤田組の一族）の妻、次妹は貝島太市（九州の炭鉱主）の妻、弟政輔《まさすけ》は東京藤田家の婿養子、母の妹は侯爵井上勝之助の妻、彼自身の妻は高島屋飯田の飯田藤二郎の娘というぐあいに、多くの名門・富豪を親族に持っていた。

鮎川は明治三十六年（一九〇三）東京帝国大学工科機械科を卒業したが、わざと一職工として芝浦製作所に入り、二年間修業したのち米国に渡って、やはりそこで二年間、鋳物工場の職工となり、米人労働者にまじって鋳物の取り鍋を運ぶなどの重労働に従事し、現場の経験を身につけた。米国から帰ると、明治四十三年（一九一〇）井上馨の後援で九州戸畑に、可鍛鋳鉄の製造を目指して、戸畑鋳物株式会社（資本金三〇万円）を創立し、企業家としてのスタートを切った。ときに鮎川三十歳である。このときの創業資金は、前記親類・縁者の出資に仰いだ。

いっぽう鮎川の義弟久原房之助（年齢は久原のほうが鮎川よりも一一歳年長）は、明治三十八年（一九〇五）茨城県の日立鉱山を買収してその経営に乗り出し、大正六年（一九一七）これを久原鉱業株式会社とした。たまたま第一次世界大戦に際会して銅価が暴騰し、久原は一大成金となり、当時の久原の財産は三億円を越えて、三井以上であるなどと噂された。しかし、大戦後の反動と大正末期・昭和初期の恐慌・不況で、久原鉱業の経営は破綻に瀕した。このとき、久原と同郷（山口県）の親友で政友会総裁の田中義一陸軍大将に懇請され（昭和元年十二月）、鮎川は久原鉱業の危機打開に立ちあがってこれに成功する。このときも、鮎川は親類・縁者から多大の財政的援助を受けた。

昭和二年（一九二七）六月、鮎川は久原鉱業の取締役に入り、翌年三月、久原が実業界を引退して政界に入るとともに、鮎川は久原鉱業の社長に就任するが、企業家としての鮎川の存在が社会の注目をあびるようになるのは、その前後からである。

日産コンツェルンの形成過程

鮎川は久原鉱業を建て直すために、久原鉱業を持株会社とすること、その株式を公開して公開（公衆）持株会社とすること、および社名から「久原」という個人名を除くこと、という案をもって昭和三年（一九二八）末の株主総会に臨み、この鮎川案が、株主総会で承認された。その結果、久原鉱業は「日本産業株式会社」（通称日産）と改称されることになった（資本金は当時七、五〇〇万円）。

ついで翌四年四月、日産は鉱業および付帯事業を分離して、新たに資本金五、〇〇〇万円をもって日本鉱業株式会社を設立し、日産はその株式の全部を所有して、純然たる持株会社となった。それと同時に日産（旧久原鉱業）はその不良資産の大整理を行った。その当時から昭和六年（一九三一）ごろまでの日産は、持株会社とはいっても、日本鉱業株約一〇〇万株、株式会社日立製作所株約一八万株、日立電力会社株七万六、〇〇〇余株その他を所有している程度であり、日本鉱業をはじめ手持ち子会社株の価格は低く、したがって、持株会社日産の経営も、はなはだ振るわなかった。

ところが昭和六年九月満州事変が起こり、昭和七年三月以降、政府は多年据え置いてきた金買上げ価格一匁五円を、六円、七円と急激に引き上げ、銅の価格も急騰したから、日本鉱業の業績も、昭和七年後半から急速に向上し、日本鉱業の株価も急上昇した。そこで日産では、昭和八年一月、所有日本鉱業株一五万株を売却して巨額のプレミアムを取得し、同年十月には、日立製作所株一〇万株をも、同じくプレミアム付きで売り出した。日本鉱業株は証券取引所の花形株となり、「国宝株」とまで騒がれ、それにつれて持株会社日産の株価も、一二円五〇銭まで下っていたのが、一挙に一五〇円に暴騰した。鮎川義介は、証券界で凱旋将軍さながらに、もてはやされた。

こうして日産の業績回復のきざしが見えはじめると、昭和八年五月、日産はその直営する林業部門を分離・独立して帝国木材工業株式会社を設立し、同年下半期には、共同漁業、日本合同工船および合同水産の三会社の株式を取得した。そして同年十二月には、資本金一、〇〇〇万円をもって自動車製造株式会社を設立したが、これは、明治四十三年以来鮎川の経営してきた戸畑鋳物会社が、現物出資（大阪の旧ダット自動車工場）一〇〇万円を含めて四〇〇万円を出資し、これに日産からの出資六〇〇万円を加えて設立したものである。

鮎川の戸畑鋳物会社は、早くから自動車部品の製造を受注していた関係から、鮎川はかねてより自動車工業に注目していた。そしてまず昭和六年十一月にダット自動車工業株式会社（資本金九〇万円）を対等条件で戸畑鋳物に合併してダット自動車の製造権を取得し、ついで昭和八年にはダット自動車株式会社の工場を買収して、戸畑鋳物に自動車部を創設し、小型自動車の製作に着手した。そして昭和八年十二月、この戸畑鋳物自動車部を現物出資し、同時に日産が六〇〇万円を出資して、前記のように資本金一、〇〇〇万円の自動車製造株式会社を設立したのである。そして同社は、翌昭和九年六月、日産自動車と改称した。

他方戸畑鋳物は、昭和九年四月、東亜電機（電装品製造、資本金六〇万円）、安来製鋼所（特殊鋼、同八〇万円）、不二塗料（自動車塗料、同七〇万円）、および安治川鉄工所（自動車部品、同一〇〇万円）を対等条件で合併し、資本金を一、五〇〇万円としたが、これは日産＝戸畑鋳物の自動車部門への進出をいっそう明確化したものであった。

多角経営の定着

昭和九年（一九三四）に入ると、右のように自動車製造株式会社を日産自動車と改称し、自動車工業への意欲をますます明らかにするほか、つぎのように直営事業の分離、傘下会社の整理統合、および日産傘下への他系統企業の吸収をつぎつぎと行い、いよいよ本格的にコンツェルン形式に向かって進みはじめた。㈠直営のタワオ農園ゴム事業を分離して、日本産業護謨株式会社を創立した。㈡　共同漁業、東洋捕鯨、大日本製氷、大阪鉄工所をいったん日産に合併し、日産は二、六二〇余万円に減資したうえ、これらを豊洋漁業、日本捕鯨、日本食料工業、日産大阪鉄工所の四社に分離・独立させた。㈢　大同燐寸会社を日産傘下に吸収した。㈣　三好鉱業会社と大倉炭坑会社を日産に買収したのち、これを分離して日本炭鉱株式会社を創立した。㈤　日産は合同漁業株式会社を買収した。

昭和十年（一九三五）になると、日産は資本金を二億円に増資し、翌十一年には、さらにつぎのように、傘下会社の分離・統合を進めた。㈠　大阪鉄工所を日立製作所に譲渡した。㈡　共同漁業（旧豊洋漁業）、日本合同工船、日本捕鯨の三社は共同漁業を中心として合併し、日産はその保有する日本食料工業会社株四〇万株を、共同漁業会社に譲渡した。㈢　長崎県相の浦炭鉱を開発するため、日産は相の浦炭鉱株式会社を設立した。

さらに昭和十二年（一九三七）に入ると、日産は大川平三郎の事業に属する大日本人造肥料会社と合同油脂会社を傘下におさめ、化学工業界に大きく進出した。すなわち日産は大日本人造肥料を吸収合併し、同時に日産の日本炭鉱会社をもこれに合わせて、昭和十二年五月、日本化学工業株式会社を創立した。それと同時に、大日本人造肥料の子会社たる合同油脂会社を日産に合併し、日産傘下の油脂工業部門と合わせて日本油脂株式会社を創立した。この日本油脂は昭和十三年三月、関係会社一〇余社を合併した。

また昭和十二年一月には、日産の子会社日立製作所が国産工業株式会社（旧戸畑鋳物）の吸収合併を決定し、水産部門では同年四月、共同漁業会社が日本食料工業会社および旧日本水産会社（共同漁業と日本食料工業の子会社）を合併して、社名を日本水産株式会社と改めた。さらに同じ年、それまで九州の貝島系の事業として経営されていた中央海上傷害保険株式会社を傘下におさめて、日産火災海上保険株式会社と改称した。

こうして日産は発足以来一〇年足らずで、一大コンツェルンに成長した。昭和十二年ごろの日産は資本金公称二億二、五〇〇万円、払込一億九、八三七万五、〇〇〇円となり、その下に一八の直系会社と、一三〇の孫会社（直系会社の子会社）を持ち、それらの資本金の総計は、公称八億四、八〇〇万円、払込六億八、〇〇〇万円にのぼるに至った。この日産コンツェルンは重役数一四三人、株主数一〇余万人、従業員数一四万三、〇〇〇余人といわれたが、これだけの大コンツェルンをわずかに八、九年で作りあげたのは、日産という公開（公衆）持株会社による資金操作に負うところ多大である。その詳細については宇田川勝「新興財閥――日産を中心に――」を見られたい（巻末「文献紹介」参照）。

日産の満州移駐

さて、ここまで発展した日本産業株式会社は、昭和十二年（一九三七）十一月、その本社を満州国新京市に移転し、ついで翌十二月、満州国法人となると同時に、資本金二億二、五〇〇万円（払込一億九、八三七万五、〇〇〇円）を倍額増資して四億五、〇〇〇万円とし、それとともに社名を変更して満州重工業開発株式会社とした。増資新株の二億二、五〇〇万円は、満州国政府が全株を引き受けた（大半現物出資）。

満州重工業開発会社は満州国法人の特殊会社（国策会社）で、この会社創立の目的は、「日産従来の仕事の上に満州国における鉄鋼業、軽金属工業、自動車工業、飛行機工業等の製造工業、ならびに産金その他各鉱山業等の統轄的経営」を行うにあったが、この会社はまた、南満州鉄道株式会社（満鉄）から重工業関係の傍系事業を引きつぎ、その経営に当たることになった。

つまり、満州重工業開発会社（略称満業）は、まず公開持株会社日産が満州国の国策会社となって、社名を変更したものである。したがって、それまで日産の傘下にあった全企業を支配下に持ったまま満州に本社を移したから、「日産の満州移駐」と呼ばれた。つぎに満業は、満州における国策持株会社として、それまで満州にあった重工業会社をその支配下に収めるか、あるいは新たに重工業会社を子会社として設立するという方法で、多数の在満重工業会社の親会社となっていった。

以上の結果、昭和十五、六年ごろになると、満業は満州における直接投資会社一四（その払込資本金一一億四、四六〇万円）、孫会社および曽孫会社一七（その払込資本金二億三八〇万円）、合わせて三一社（払込資本金合計一三億四、八四〇万円）を持つようになった。他方、前述のように満業は旧日産時代からの子会社・孫・曽孫会社を引きつづき支配下においていたが、それらは直接投資会社九（払込資本金六億八、七六六万円）、孫・曽孫会社五四（払込資本金二億二、八四九万円）、合わせて六三（払込資本金九億一、六一五万円）であった。

以上、満日両国にある満業の子会社・孫・曽孫会社を全部合わせると、満業の支配下にある会社は九四社、払込資本金の合計は二二億六、四五五万円であった。鮎川義介は満業総裁として満日両国にわたって、これだけの大コンツェルンを支配したのであった。

昭和十六年九月現在における満業の在満直接投資会社は、昭和製鋼所、協和鉄山、本渓湖煤鉄公司、東辺道開発、満州炭鉱、満州鉄山、満州特殊鉄鉱、精炭工業、満州軽金属製造、同和自動車製造、満州飛行機製造、満州重機、および満州ボーリング、また内地における直接投資会社は、日本鉱業、日立製作所、日立電力、日産自動車、日産化学工業、日本水産、日産、日産農林工業、および日産土木であった。

満州重工業開発の軍事的意義

日産の満州への移駐計画は、ときの関東軍参謀長板垣征四郎が昭和十一年秋、鮎川義介に対し、全満州産業事情視察のため、渡満を要請してきたことからはじまる。そして、日産の満州移駐、満業創立、鮎川の満業総裁就任は、関東軍の書いた筋書の通りに運んだものであるが、その筋書のそもそもの作者は、昭和十年八月、関東軍参謀から参謀本部に転じて第二課長となった石原莞爾《かんじ》であった。石原は参謀本部第二課長在職中に昭和十一年八月ごろまでに「国防国策大綱」、「対ソ戦準備計画大綱」など、一連の国防国策を執筆し、また参謀本部の編制改正を行うが、石原の基本的な考え方は、「日本は十年間戦わないこと、昭和十七年を目途とする対ソ開戦を根幹として一連の戦争計画を策定すること、それと同時に日満を一体とする兵站基地としての満州経済計画を樹立すること」にあった。

この石原課長の戦争計画が、経済建設の面では「満州産業開発五カ年計画」となって書きあげられ、この計画に基づいて、自動車工業および航空機工業を中核とする重工業を満州で開発・建設するため、鮎川義介の満州進出が強く要請されることになった（大陸での戦争に軍用トラック、すなわち自動車が不可欠なことはいうまでもない）。だから鮎川みずからその「私の履歴書」に書いているように、この満業設立劇は、「石原莞爾という作者が軍の要路にいなかったら、どうなったかわからない」ものであった。つまり、鮎川の満州進出は、鮎川が意識したと否とにかかわらず、石原莞爾の対ソ戦準備に協力するものであった。

「満州産業開発五カ年計画」は鉱工業部門、農畜産部門、交通通信部門、移民部門の四部門から成り、それぞれの部門について、昭和十一年現在の生産能力あるいは現有設備を五カ年後どこまで伸ばすかの目標を掲げたものであった。たとえば昭和十一年現在年産五八万トンの鋼塊生産能力を、五カ年後一八五万トンとするというのであったが、昭和十二年日中戦争勃発後の「修正計画」によると、鋼塊の生産目標は一躍三一六万トンに引き上げられた。

また鮎川に最も期待された自動車工業では、昭和十一年現在ゼロであった生産能力を五年後に年産四、〇〇〇台、修正計画では五万台の目標を設定し、航空機工業では、昭和十一年現在生産能力ゼロを五年後に年産三四〇台、修正計画では五、〇〇〇台の目標を設定した。

鮎川はこのような課題に対し、外資の導入と満州の豊富な資源をもってこれを解決しうると考え、この課題と取り組んだ。鮎川は「満州の重工業を五カ年で建設するには（実際には十カ年を必要とするであろうが）、資金として三〇億円を要するとして、少なくもその三分の一、できうれば半分を外資（主として米国資本）に依存すべきである。かつその導入の方法は、借款ではなく株式参加を期待したい。株式参加という結合方法は、相手国と利害をともにすることになるから、将来、日米戦争の危険にもブレーキの作用をなすだろう」と考えた。この構想を軍も日本政府も満州国政府も承認し、鮎川の方針を全面的に容認したのであった。

満州重工業開発の失敗

ところが、鮎川は満業総裁としての一期五カ年の任期が満了すると、昭和十七年（一九四二）十二月、総裁を退任し、高碕《たかさき》達之助（昭和十六年満業副総裁に就任）に後事を託して、満州を去ってしまった。その理由は「諸事、満州行きの初志は期待を裏切られ、私は望みを失った」というのであった（鮎川義介「私の履歴書」）。では、何が鮎川の期待を裏切ったかというに、その第一は、満州における統制経済体制の弊害と満州側子会社の抵抗、第二は、満州の資源についての誤算、第三は、外資導入の失敗、第四は、満州五カ年計画の破綻であった。

鮎川は「威勢よく新京に乗り込んで、仕事にかかってみると、予期しない岩盤に突き当たった」（同上）。それは、満州炭鉱（満炭）と日満商事という二つの特殊法人の存在であった。満州にはすでに幾つかの特殊法人があったが、満業はそれらを統制する親会社であり、それらは満業の統制に服するものだと、鮎川は考えていた。ところが、これらの特殊法人が満業の統制に服さないことが、間もなくわかってきた。

満炭は撫順炭鉱を除くほとんどすべての満州炭鉱を掌握し、その理事長には満炭の独裁者河本大作が就任しており、これが鮎川の指揮に抵抗した。河本はもと関東軍参謀、大佐で、張作霖爆殺事件の主役として知られる人物である。重工業開発の基礎となる石炭生産の面で満業の指導が貫徹せず、出炭量がなかなか増大しないことは、鉄鋼その他各種の重工業全体の開発速度に大きな障害を与えた。河本が満炭理事長を退くのは、ようやく昭和十五年十月、理事長の任期二期目を終わった株主総会においてであった。

日満商事は満州の重工業関係品を独占的に取り扱う機関として設立された会社で、満業関係会社の製品のほとんどは、日満商事を通じて販売された。したがって満業の関係会社相互間の製品の売買すらも、日満商事を通じて行われなければならなかった。満業は、日満商事を通さずに関係会社相互間の製品の授受を行いうる制度を希望して、日満商事と対立した。しかし、日満商事との対立は、日満商事を通じて物資統制を強化するという満州国政府の基本方針と対立することであったから、この問題はついに解決しないままに終わった。

満業の失敗の第二の原因は、東辺道の鉄鉱資源を過大評価したことであった。昭和八年（一九三三）の満鉄経済調査会の調査によって、東辺道の鉄鉱石の埋蔵量は大栗子溝および七道溝両鉱山の富鉱のみで三五〇万トンと報告され、昭和十一年（一九三六）の満州国鉱産資源連合調査会による調査では、八〇〇〇万トンと報告された（『満州開発四十年史』下巻)。のち昭和十七年(一九四二)満州国側の公表によると東辺道一帯の鉄鉱埋蔵量は四億四、〇〇〇万トン以上とされている(同上二三四―五頁)。

ところが、鮎川が日本鉱業会社の技術者島田利吉に実際に資源調査を行わせたところ、赤鉄鉱も粘結炭も良質ではあるが埋蔵量は少量であることが判った。さらに米国からフォスター・ベーン博士を招聘して徹底調査を依頼したところ、東辺道鉱山を開発し製鉄業を建設することは、実行不可能であるという結論に到達した。東辺道の豊富な資源は日産の満州移駐を鮎川に決意させる大きな魅力であったし、鮎川はその資源が外資導入の極め手たりうるとも考えていたので、東辺道開発の見通しが立たなくなったことは、鮎川に大きな打撃を与えた。

満業失敗の第三の原因は、鮎川の構想した外資導入が、失敗に終わったことである。日中戦争の拡大、日米関係の悪化などの悪条件が重なって米国との外資交渉はことごとく不調に終わり、ドイツその他欧州諸国との交渉もまとまらず、昭和十四年(一九三九)七月二十日付で、鮎川は「外資経過報告」を発表し、その失敗を認めた。このほか鮎川は、昭和十四年十二月から翌年四月にかけて欧州諸国を訪問し、ドイツでは直接ヒトラー総統に会見して、満州国大豆一万トンとドイツ製機械とのバーター取引を提案したが、これもヒトラー総統によって拒否された。あまつさえ、満州国総務長官星野直樹から鮎川がもらっていった大豆一万トンの枠は、じつは「カラ枠」であることが事後に判明し、鮎川はこのとき「満州に見切りをつける決心をした」(前掲「私の履歴書」)。

第四に満業設立の背景を成した「満州開発五カ年計画」は、日中戦争勃発後一挙に二倍以上に拡大されたが、このような過大なペーパー・プランは、やがて実行不可能なことが明らかになって、崩壊していった(以上主として原朗「『満州』における経済統制政策の展開――満鉄改組と満業設立をめぐって」による)。

鮎川義介の残したもの

かくて鮎川の満業経営は、こと志とちがう結果となったが、しかし鮎川は、対ソ戦基地満州の重工業建設に、全く貢献しなかったわけではない。満業に課せられた重工業建設に関する限り、投資額では「満州産業開発五カ年計画」修正計画の五四%を達成し、生産では計画のおよそ三四%を達成した。また陸軍が鮎川に最も期待をかけていた自動車工業においては、年間五万台の生産目標に対し、終戦直前には組立五、四〇〇〇台、自動車再生三、六〇〇台、自動車修理三、六〇〇〇台を挙げるところまで進み、軍用機では、昭和十三年から二十年までに、機体三、三七四台、発動機二、三二三台を生産し、その大部分を陸軍航空本部へ納入した。昭和十一年当時生産能力がほとんどゼロであった自動車および航空機工業において、ともかく鮎川は、この水準までの建設を実現したのである(原朗前掲論文および『閉鎖機関とその特殊清算』による)。

以上のような業績を残して満州を引き揚げるに先だち、鮎川は、旧日産傘下の在日本内地事業の支配を満業から奪回する方法を講じた。昭和十六年六月、満州国特殊法人として資本金四億円の持株会社満州投資証券株式会社（略称満投）を設立し、この満投をして、満業所有の旧日産子会社の株式の大部分を買い取らせたことが、それである。満投は、日本内地の生命保険会社二〇社が三億九、五〇〇〇万円を出資し、鮎川の主宰する義済会《ぎせいかい》が出資する五〇〇〇万円と合わせて、資本金四億円をもって設立された。が、生命保険会社の出資する株式はすべて議決権のない優先株とし、義済会出資の株式五〇〇〇万円だけを議決権のある株式としたから、結局鮎川は、出資金五〇〇〇万円をもって資本金四億円の株式会社満投の経営権をにぎることとなった。そしてこの満投が、旧日産持株を満業から買い取ったのであるから、旧日産傘下企業に対する支配権を、鮎川（義済会）が奪回したことになる（反面、満業としては、その売却代金が、新たな資金として手に入り、それだけ財政面は楽になった。その新資金を提供したものは、前記の生保会社二〇社である）。

このようにして満投を昭和十六年六月に設立し、その翌年十二月鮎川は満業総裁を辞任して内地に帰ってくる。そのとき、前記のように、鮎川は旧日産傘下企業の支配権を内地に持ちかえったから、終戦となった時点において、鮎川はなお依然として一大コンツェルンをその支配下においていた。すなわち鮎川系持株会社たる満投、日産、日産化学工業、日本鉱業、および日立製作所の五社は、終戦時において在内、在外合わせて一七二社の子会社・孫・曽孫会社を持ち、その払込資本金は合計一七億九、二〇〇万円にのぼった。

これは三井の三四億九、八〇〇万円、三菱の三一億一、七〇〇万円、住友の一九億二、二〇〇万円についで第四位を占めた。鮎川義介個人の所有有価証券は、昭和二十二年三月現在でわずかに四八万四、〇〇〇円にすぎず、三井（一一人）の三億九、〇〇〇万円、住友（四人）の三億一、五〇〇万円、三菱（岩崎一一人）の一億七、七〇〇万円に比較すると問題にならない少額であった。しかし公開（公衆）持株会社を通ずる鮎川の日産コンツェルンは、鮎川個人の取るに足らぬ財産とは別個に、これだけの巨大な規模を終戦まで保つことができたのである。

日米戦争への鮎川の態度

ところで右に述べたように、鮎川は満州重工業開発株式会社の総裁として、昭和十二年十二月から十七年十二月まで、五年間にわたって対ソ戦基地建設に協力し、全力をこれに傾注した。しかしその反面、鮎川は日中戦争の早期終結と日米戦争の回避には、かなりの努力を重ねた。

日中戦争の早期解決については、鮎川は満業総裁時代、近衛首相に対し、満州国国務総理張景恵を蔣介石との日中和平交渉に起用するよう進言した。張景恵は満州馬賊出身であるが、鮎川によればその風格、度胸、常識は当代稀にみる人物であり、彼を起用して蔣介石との交渉に当たらせるよう鮎川は再三近衛に切言したが、これは実現しなかった。

対米関係については、米国資本を満州へ導入（融資でなく資本投下）することにより、日米間に共通の利害関係が生まれ、それが日米戦争にブレーキをかけるものと鮎川は考えていた。この米国資本の導入は成功しなかったが、連合国の太平洋憲章が発表され、米国大統領フランクリン・D・ローズベルトと近衛首相との洋上会談の計画が進められているとき、鮎川は当時米国に駐在していた彼の秘書三保幹太郎をして、ひそかに日米交渉を行わせようとした。それは三保から米大統領顧問B・バルークを通じて米国政府に対し、「米国が日本の満蒙指導権を認め、かつ米貨五〇億ドルを日本に引き渡すことにより、日米戦争を回避する」ことを、提案するものであった。三保からはこの交渉の有望である旨の連絡があり、他方鮎川は関東軍司令官梅津美治郎を通じて近衛首相に申達方を依頼していたが、ローズベルト・近衛会談そのものが実現しないでしまった。

さらに東条内閣が出現し、日米の風雲ますます急を告げるとき、鮎川は青木一男（阿部信行内閣の大蔵大臣兼企画院総裁、当時外交顧問、のち東条内閣の大東亜大臣）と連名で、右と同じ構想の建白書を陸軍省武藤章《あきら》軍務局長を通じて東条首相のもとに提出したが、これは「今はその段階ではない」として差し戻された。いずれにせよ、鮎川義介は、日米戦争の回避を志向していた。これに対し、次章でとりあげる中島知久平は、きわめて積極的な対米「航空戦策」を唱えていたのであって、その点、太平洋戦争に対する態度は、鮎川と正反対であった。

10　中島知久平＝軍用機製造で戦争に貢献

中島知久平

「航空機戦策」に賭けた生涯

中島知久平は、中島財閥の創始者で、同時に所有者であった。その財力は十大財閥の最下位に近かったが、しかし、日中戦争および太平洋戦争への貢献度からすると、三菱財閥とともに十大財閥の首位に立った。なぜならば、中島知久平が「大社長」として君臨した中島飛行機株式会社は、三菱重工業株式会社とならんで、戦時中におけるわが国軍用機生産を二分したからである（中島飛行機株式会社は、知久平の長弟喜代一を社長に立てていたが、社内では知久平を「大社長」と呼んでいた）。

中島知久平は生え抜きの海軍軍人で、その死にいたるまで軍人精神を失わなかった。彼は十二、三歳のころから陸軍軍人を志していたが、のち事情があって海軍に志望を変え、海軍機関学校を卒業して海軍機関大尉に進んだ。そのまま海軍におれば機関中将までの昇進は確実とされていたが、大正六年（一九一七）海軍を退役して、独力で軍用機生産事業を興した。それは第一次世界大戦中のことで、日中戦争の勃発よりも、二〇年以前のことである。ときに知久平、数え年三十四歳であった。

中島知久平が軍用機の生産を志したのは、金儲けが目的ではなかった。世界的にも航空機の利用とその生産が始まったばかりのそのころ、中島は航空機が将来重要な兵器となることを、早くも予想した。中島はやがて航空機からの魚雷や爆弾の投下が行われるようになり、海上の戦争において、航空機が大艦・巨砲にかわって威力を発揮する時代が来ると考えた。また陸上の戦争においても、大砲の数と兵数とに重点をおく戦策にかわって、航空勢力を主力とする「航空機戦策」の時代が到来すると考えた。そのためには、航空機の生産が国防上最も重要であるが、航空機工業を興すには、官業に比してはるかに能率のよい民間航空機工業が最適である、と中島は考えた。海軍技術将校であり、横須賀海軍工廠飛行機工場長として航空機製作に従事したことのある中島は、その経験から、官業の非能率と事務手続きの煩雑さとを、身をもって感得していたからである。

かくして航空機製作に乗り出した中島は、やがて日本最大の航空機工業会社を作りあげる一方、昭和五年（一九三〇）以後政界に乗り出し、昭和十四年（一九三九）には鳩山一郎や久原房之助と政友会総裁の地位を争って、政友会革新派総裁の地位を獲得する。中島が政界に勢力を得ようとしたのは、権力の獲得が最終目的だったのではなく、それによって日本の軍事政策を「航空機戦策」に転換させることにあった。

だから中島知久平の本領は、軍用機メーカー・親軍政治家たる以上に、「航空機戦策」の推進者たることにあった。中島は昭和十八年（一九四三）太平洋戦争のまっただなかにあって、東条首相をはじめ、軍当局・高松宮・近衛文麿その他の政界有力者や、海軍少将松永寿雄その他の航空戦術家たちに、「必勝戦策」なる論文（B5判九八頁）を配って、日本の戦勢建直しを建策した。それは、米国の「B36」に優越する遠距離爆撃機をもって、米本土を攻撃するという戦策であって、昭和十九年四月、中島の建策によって、このような航空機（「富嶽」）の試製が研究されることになった。中島知久平は試製富嶽委員長になった。

しかし、この建策が実行されないうちに日本は敗戦を迎えることになるが、それで中島の軍人精神が消滅するわけではなかった。中島は終戦後、東久邇宮内閣の軍需大臣（官制が変わって間もなく商工大臣）に就任するが、その入閣交渉を受けた中島は「もし連合軍がポツダム宣言受諾に際しての連合国の声明に背いて皇室を無視するような措置をとったら、一戦する覚悟があるかどうか」を東久邇宮にただした上でなければ、入閣を承諾しなかった。

東久邇宮内閣総辞職後は、中島はA級戦犯容疑者に指定され、病気のため自宅拘禁という取扱いを受けるが、そのなかにあっても、中島はジェット飛行機と原子爆弾とに関する研究を怠らなかった。そして中島は、「航空機工業再開の時期が必ず来る。そのときはまた、おれは飛行機を造る」と、家族や側近の者に語っていた。

一言でいえば、中島知久平は、航空兵力を中心として日本の軍備を充実し、その軍備を背景とし、これを活用することによって、日本はアジアを征服し、「大日本帝国」を建設すべきであるとした。中島はこの目標に向かって日本を指導するため、海軍技術将校として修得した技術と経験をもって日本最大の軍用機製造会社を創建し、さらに政界に身を投じて政党の領袖となった。かくして中島は、日中・太平洋両戦争を通じて十大財閥中最大の貢献を行ったが、その意味では、彼はまさに時代を先どりし、時代の波に乗った風雲児であった。

飛行機王への道程

海軍を待命になった中島知久平は、大正六年（一九一七）九月、生家のある群馬県新田郡長島村の一農家の養蚕小屋を借り、横須賀海軍工廠の旧部下やその紹介による技術者たち数人を集めて、軍用機の設計を開始した。ついで同年十二月、正式に予備役に編入されると、群馬県太田町に階上三六坪・階下四五坪の建物を借入れ、ここに「飛行機研究所」の看板を掲げて中島はその所長となり、所長以下技術者・炊事婦とも九人という陣容で、飛行機（機体）の設計・製作を開始し、大正七年一、二月には、所員十数人をふやした。「飛行機研究所」開設のための資金は、知人からの紹介で神戸の石川茂兵衛という肥料問屋から借り入れた。金額は二万数千円であった。

こうして中島の飛行機製作事業は細々とスタートし、同年四月中島飛行機製作所と改称したが、神戸の有力実業家川西清兵衛が出資することになって、同年五月、合資会社日本飛行機製作所と改組・改称した。資本金七五万円、うち一五万円は中島の労務出資であった。しかし、間もなく経営方針についての意見の相違から、中島・川西は絶縁することになり、大正八年十二月、中島は改めて、旧名称と同じ中島飛行機製作所を独力で設立した。のち昭和六年（一九三一）十二月、これを中島飛行機株式会社に組織変更する。

中島飛行機製作所（当時はまだ日本飛行機製作所）では、大正八年「中島五型機」が陸軍に採用され、これが中島ばかりでなく、日本の民間飛行機会社全体を通じての、最初の軍用機納入となる。それ以後中島では大正八年に陸軍から、大正九年に海軍から、それぞれ継続的に注文を受けるようになり、昭和二年（一九二七）には陸軍および海軍の戦闘機の同業他社との競争試作に勝利して、陸軍用は「九一式」戦闘機、海軍用は「三式一型」艦上戦闘機として、採用されるに至った。それ以来数年間、中島飛行機は「陸海軍戦闘機界における代表者をもって自他ともに許した」（前掲堀越二郎・奥宮正武『零戦』）。

が、ここへ到達するまでに、中島知久平が多大の後援と恩恵をこうむった人物がある。それは、当時の陸軍航空本部長・井上幾太郎陸軍少将（のち大将）である。大正八年度に中島五型三〇機を陸軍へ納入したことが、中島における軍納の口火を切ったが、それはひとえに、井上航空本部長の援助に負うものであった。「中島の事業の基礎は実にこの井上幾太郎の好意と助力によって築かれたと言っても過言ではない」（渡部一英『巨人・中島知久平』）。

陸軍機の受注についで中島が井上少将から受けた援助の第二は、中島対川西の対立・抗争に際しての、井上の中島後援であった。中島・川西絶縁の際、川西側では中島に対し、陸軍への飛行機納入代金と横浜倉庫に保管中の輸入機械を川西に引渡すこと、および一〇〇万円の代価をもって工場を中島が買い取ること、という条件を付けた。このとき中島は一〇万円の資金を群馬県の新田銀行（のち群馬銀行に合併）から借り入れようとして、同県選出の政友会代議士武藤金吉に斡旋方を依頼したところ、武藤は井上少将の意向を質したうえで、中島の依頼に応じた。中島は川西との絶縁について、あらかじめ、井上の諒解をとりつけておいたのである。

井上少将の援助の第三は、中島と三井物産会社とを結びつけたことである。井上の斡旋で中島は、製作する飛行機の一手販売契約を三井物産と結ぶことになり、その結果、営業と金繰りを安定させることができるようになった。中島と三井物産との提携は、大正八年以降、陸軍機については昭和十二年四月一日まで、海軍機については昭和十五年七月一日までつづいた。大正八年当時の三井物産の機械部長は、井上の義弟でもあった（前掲『巨人・中島知久平』）。

ところで、中島飛行機は発足以来、機体の製作のみを行ってきたが、大正十五年（一九二六）以来、海軍の注文による発動機製造を開始した。最初は外国から発動機の製造権を買って、それに基づく製造を行っていたが、昭和六年以来、英国のジュピターの流れを汲む「寿」発動機を製作し、国産発動機の先駆をなし、海軍の九六式艦上戦闘機や、陸軍の九七式戦闘機などに装備されるようになった。

このようにして個人経営の中島飛行機製作所は次第に発展し、その基礎を確立していったが、昭和六年十二月、資本金一、二〇〇万円、半額払込の中島飛行機株式会社に改組・改称した。重役陣はつぎの如くであった。

取締役社長＝中島喜代一（知久平実弟）
常務取締役＝中島乙未平《きみへい》（同上）（一九八三・昭和五八年二月六日没・八七歳）
取締役＝中島門吉（同上）・玉置美之助・佐々木革次・中村裕真・浜田雄彦
監査役＝栗原甚吾・佐久間一郎

中島知久平が社長にならず、重役にも名をつらねなかったのは、その前年代議士に当選して政界に乗り出したため、政治家が営利事業に関係するという形を避けたのであった。しかしこれは、表面だけのことに過ぎなかった。中島飛行機株式会社の全株式二四万株は全部中島の兄弟五人（知久平・喜代一・門吉・乙未平・忠平）によって閉鎖的に所有され、かつ知久平が総株数の過半数を所有して、持株の上でも支配権を保持していた。社内が知久平を「大社長」と呼んだのは、当然であった。

中島飛行機への国家資本の投入

中島飛行機が株式会社に改組したのは、満州事変勃発直後であった。それ以来、中島飛行機はよりいっそうの発展をとげるが、やがて日中戦争が起こり、政府・陸海軍は軍用機製造を振興するための方策を推進した。それは、航空機製造事業法（昭和十三年三月公布、八月施行）によって開始された。この法律は一連の各種「事業法」とほぼ同様の内容によって、航空機製造事業の許可、監督、保護育成（補助金・補給金の供与、事業資金の融通、損失の補償などを規定）を図るとともに、この種事業に対し広範囲にわたる軍事上の特別負担を課したもので、これによって航空機製造事業は、完全な軍の直接の統制・指導の下におかれることになった。これと同時に、資金・資材・労務の調達について軍による手厚い保護が、加えられることになった。

この航空機製造事業法の公布・施行とともに、昭和十三年八月、海軍航空本部長は、中島飛行機および三菱重工業を二大双璧とする航空機事業許可会社に対して、機体および発動機第一次生産能力拡充命令を示達し、翌十四年六月には陸軍航空本部長が、同じく機体および発動機生産能力拡充命令を示達した。ついで昭和十六年二月に海軍の第二次拡充、同年六月には陸軍の第二次拡充、昭和十七年八月には海軍の第三次拡充、同年九月には陸軍の第三次拡充が、それぞれ命令され、航空機生産能力は急速に高められることになった。

こうした陸海軍の命令で、中島飛行機の生産能力は急速に拡充される。これを従業員数からみると、機体工場の従業員は昭和十四年の二万二、六三六人から、二十年三月には一四万一、〇〇〇人（学徒および徴用者を含む）へと六・二倍にふえた。発動機工場の従業員は昭和十年の三、三〇〇人から、二十年三月には五万八、三八一人に一七・七倍にふえた。機体・発動機の双方の工場を合わせると、昭和二十年三月現在の従業員総数は一九万九、〇〇〇人にのぼった。

このような生産能力の拡大は、当然莫大な資金を必要とした。しかしそれは、中島知久平を頭領とする五人の兄弟の出資によってではなく、そのほとんど全部は国家資本（日本興業銀行からの「軍需融資」と「命令融資」）によって調達された。

中島飛行機株式会社は、昭和十二年三月、資本金を一、二〇〇万円から二、〇〇〇万円に増加し、ついで十三年十一月、三、〇〇〇万円を増加して五、〇〇〇万円全額払込済とした。しかしこの三、〇〇〇万円は、実際には中島兄弟が出資したものではなく、第一銀行から五〇〇万円、日本興業銀行（興銀）から二、五〇〇万円、合計三、〇〇〇万円を借入れ、これを払込金に充当したのである。のち第一銀行から右の五〇〇万円の返済を求められたため、中島はこれを興銀に肩替りしてもらった。

中島飛行機の急激な膨脹

しかも右の払込資本金の三、〇〇〇万円の借入れは、当初から興銀への預金とするという条件になっていたため、興銀への預金になったまま終戦に至った。つまり、昭和十三年十一月の五、〇〇〇万円への増資は、形式だけのものであった。がしかし、形式だけにもせよ資本金を五、〇〇〇万円全額払込としたことは、これによって社債の発行限度を一億円(つまり払込資本金額の二倍)に拡大することを、目的としたものであった。もっとも、このような意図で増資はしたけれども、金融界の情勢から、実際には三、〇〇〇万円の社債を発行したにとどまった。

すなわち中島飛行機は自己資金の調達力に欠けていたが、それにもかかわらず、昭和十三年から終戦までの間に同社の使用総資本(総資産額)は一億一、六〇〇万円から三五億九、二九〇万円へと、三四億七、六九〇万円を激増した。これはもっぱら負債によるもので、この間に長期負債は一四億四、六〇〇万円、短期負債は一八億四、五二〇万円、合計三二億九、一六〇万円を増加している。こうした資金の大部分は、興銀からの借入であった。

中島飛行機と日本興業銀行との間にまとまった取引が行われるようになるのは、昭和十二年以後のことであるが、それ以後昭和十九年までに「生産力拡充」資金として累計六億七、五五〇万円が、興銀から中島に貸出された。さらに陸海軍航空本部長からの生産力拡充命令に伴う「命令融資」が、昭和十四年から二十年までに累計一九億三、五三〇万円にのぼった。合計二六億一、〇八〇万円である。中島飛行機の日中戦争から太平洋戦争へかけての生産力拡充は、ほとんど全く国家資本によって賄われたことがわかる。

中島飛行機は、このようにしてそれ自体、戦時下に急激に巨大化したばかりでなく、下請企業や関係会社を培養し、その数は昭和二十年上期末現在で六七社（統制会社三を含む）、これらに対する投融資額二億九、一〇〇万円、これらの払込資本金合計二億一、二〇〇万円となり、一つのコンツェルンを形成するようになった（以上のデータは、主に『日本興業銀行五十年史』、『東洋経済新報』昭和二十年十二月十一日号、および前掲持株会社整理委員会『日本財閥とその解体』による）。

この中島飛行機を統率する者は、形式的には中島喜代一社長で、昭和二十年四月一日、軍需工廠官制が制定され、同日付で中島飛行機が第一軍需工廠として国営化されると、喜代一は第一軍需工廠長官（高等官一等の軍需官）となる。しかし、中島飛行機の実際の支配者は、前にも記したように中島知久平であり、彼はこの国家必須の事業を背景に、親軍政治家として政界に重きを為していた。中島知久平の背後にあったのは彼の財力ではなく、軍用機製造事業の戦時下における国家への貢献であった。

戦争への中島知久平の貢献

昭和初年から終戦までの約二〇年間に、日本で生産された軍用機（機体）は陸海軍合わせて八万二、二〇〇台にのぼったが、そのうち中島飛行機は、二万四、一〇〇台（二九・三％）を占めた。三菱重工業株式会社の一万七、五二二台（二一・三％）と合わせると、この二社で四万一、六二二台（五〇・六％）を占めた。航空機用発動機の生産は、同じ期間に約一三万台にのぼったが、うち中島は四万四、一六〇台（三四％弱）、三菱は五万四、一三五台（四一・六％）で、中島・三菱の両社で、九万八、二九五台（七五・六％）を占めた。

日本の航空機メーカーは一三社あったが（うち機体および発動機六社、機体のみ六社、発動機のみ一社）、中島はその草創期から三菱とならんでわが国の航空機技術をリードし、この両社は技術・経験・生産数量・資本力などの点で、群を抜いていた。

中島は三菱とともに陸海軍戦闘機、爆撃機（海軍は攻撃機）、偵察機、輸送機およびそれらに用いる発動機を生産していたが、陸軍機では戦闘機（特に「隼」および「疾風」）と重爆撃機（特に「呑竜」）に、海軍機では艦上戦闘機、艦上攻撃機、艦上偵察機（特に「彩雲」）、夜間戦闘機、大型陸上攻撃機などに特色を発揮した。

陸軍機（機体）の生産台数では三菱の七、四八八台に対して中島は一万一、六〇〇台、海軍機では三菱の一万三四台に対して中島は一万二、五〇〇台と、いずれも首位を占めた。また日本海軍の誇る艦上戦闘機「零戦」の生産では、設計元の三菱よりも中島の方がはるかに多数を生産し、中島の生産した零戦だけでも、日本の他のいずれの機種の生産台数よりも多かった。

また太平洋戦争の終戦直前には、わが国最大の海軍四発陸攻「連山」およびわが国最初のターボジェット機「橘花」を試作し、また中島が中心となって、陸海軍協同試作の六発長距離爆撃機「富嶽」の設計を進めた。これは前述したように、中島知久平の建策による米本土攻撃用の爆撃機であった。

発動機では昭和六年に中島が設計した「寿」発動機(八一一)が国産発動機の先駆をなし、その後昭和九年に「栄」空冷二重星型十四気筒発動機、十六年に「誉」空冷二重星型十八気筒発動機を試作し、「栄」は「零戦」・「隼」をはじめ多数の第一線機に装備され、その生産台数はわが国最大であった。また「誉」は、太平洋戦争末期の多数の海軍第一線機、および陸軍の「疾風」に装備された。「栄」・「誉」は、ともに当時の世界的水準にある発動機であった。

また中島は、徹底した空冷星型一本槍で進み、世界的水準にある発動機および生産に成功し、わが国では三菱とならんで「空冷二大王国」をなし、総生産台数および生産総公称馬力では、中島は三菱についで第二位を占めていた。なお、終戦直後にターボジェット「ネ―二三〇」を、日立製作所と協力して試作した(以上主に前掲『零戦』による)。

このように、中島飛行機は三菱重工とならぶ日本最大の軍用機メーカーであった。この両社なくしては、日本は日中戦争や太平洋戦争を戦うことができなかったのである。

中島知久平は昭和五年二月、群馬県から衆議院議員に当選後間もなく群馬県政友会支部長、群馬県「東毛政友クラブ」会長となり、昭和六年十二月に犬養政友会内閣が組織されると、「一年生議員」であるにもかかわらず、中島は抜擢されて一躍商工政務次官に就任した。ついで昭和八年三月、政友会総務委員、九年三月政友会顧問となり、政友会総裁鈴木喜三郎が実質的に引退すると（形式的には総裁の名を党員名簿にとどめる）、昭和十二年二月鳩山一郎・前田米蔵・島田俊雄とならんで、中島知久平は政友会総裁代行委員となり、同年六月には、第一次近衛内閣の鉄道大臣に就任する（昭和十四年一月まで）。

昭和十三年夏には八代目政友会総裁の地位をめぐって中島は鳩山一郎と争い、十四年四月には久原房之助と総裁の地位を争って、中島は「政友会革新派」総裁になる。他方久原は「政友会正統派」総裁となって政友会は二つに分裂するが、とにかく、政治家としての中島知久平の勢力増大は、きわめて目ざましかった。

中島は昭和五年政界入りする前に、大正十三年ごろからひそかに株式相場に手を出して、七〜八〇〇〇万円の利益をあげ、これを政治資金として準備していた。そのようなことから中島は政友会の金袋《かねぶくろ》などと呼ばれたが、中島の政治家としての勢力の背後に中島飛行機の国策への貢献があったことは、疑いを容れない。

中島知久平の見果てぬ夢

太平洋戦争が勃発すると、中島知久平は、自分のそれまでの軍用機メーカーとしての、また同時に政党政治家としての活動と業績を顧みて、つぎのように記し、自己満足の意を表明した。

夙に飛行機戦策を以て軍艦必滅戦策たらしめ、以て皇国の運命開拓を企図し、衆目の嘲笑を意とせず、敢然飛行機事業を興起し、遂に軍艦必滅の飛行機を完成し、次にこれが拡充及び戦策実行推進のため政界に進出飛躍し、挙世滔々たる軟論を排して、国論を指導し、世界戦争に導き、遂に赫々たる皇国の大発展を実現せしむるに至れり、是、正に畢生の理想を達成せるものにして男子の本懐これに過ぎず。（昭和十七年八月十一日、箱根強羅の山荘で執筆した「処世方針」の一節）

しかしながら、これにつづけて

世界戦争の実相は未だ緒戦にして前途なお遼遠、幾多の変転を予想せざるべからず。飛行機戦策は欧米諸国に対し全然奇襲戦策たりしに依り、緒戦において大勝を獲たりと雖、今や彼敵国側も飛行機主戦策に転針し、着々新準備に突入したり、従って将来戦は戦策戦を脱し国力戦の相貌を呈するに至れり、皇国の前途又多難なりというべく、超凡偉大なる逸才の政治指導の要、切々たるものありと考え、この情勢に対処するため、中島は政治家としての自己の活動方針案として、左の五つの案を立てた。

第一方針……政界を引退し、高踏神的生活に入る
第二方針……政界を引退し、飛行機研究指導に任じ、財を完ふす
第三方針……政界を離れず、長老として高踏主義を採り、敢て求めず、敢て来らば避けず
第四方針……隠然たる勢力を把握し高踏期待す
第五方針……堂々先人未企及の大勢力を結成し、四周を圧し、大偉業を完成し、新世界歴史を建設し、生命を投ず

そして右の五つの方針をさらに熟慮・検討した結果、「第一、第二、第三は採るべからず。第四方針は大丈夫の方針としては次善策なり」とし、つぎのように決定した。それは「第五方針に決定し、実行を検討し、準備ならば躍進すること」というのであった。その第五方針は、詳しくいえばつぎの如くである。

第五方針……先人未企及の大勢力を堂々と結成し、烈風枯葉を巻くの勢を以て進軍し、

豪壮雄渾なる大偉業を展開し、日本民族の威武を世界に光被し、新世界歴史を建設する事

(イ) 莫大なる軍資金〔政治資金のこと――引用者〕を準備すること
(ロ) 強力豪壮なる国民政治組織、「ナチス」にも優れる自己政党を建設すること
(ハ) 強力なる日本的政治武力を組織すること
(ニ) 大勇猛心を奮起し、生命を懸けて果断猛闘を強行し、倒れて止まんのみ
(ホ) 本行動に依り日本民族強化に資するを得
(ヘ) 政権を把握し、卓越せる計画、周到なる準備、勇猛果敢なる断行を以て大偉業を完遂し、新世界歴史を建設す
(ト) 本方針は人生の最高峰たり、但し可能性如何、可能性なければ空想に堕し愚人に類せんのみ
(チ) 軍資金二億円を得れば可能なり、而して二億円獲得は可能なり、要するに本案は実行可能なり、一つに決心と断行にかかはる

このとき中島知久平五十九歳、大政翼賛会総務の地位にあった。そしてこの第五方針は別に昭和十七年八月、中島によって「政治十五年奮闘計画」としてまとめられ、中島は二億円の政治資金をもって、この計画を実行しようと考えていた。

この「政治十五年奮闘計画」によれば、昭和十七年中は「静観」し、十八年に「準備」、十九年に新政党を「結党」してこれを拡大し、昭和二十二年には政権を「獲得」し、以後「生産力世界一」、「軍備世界一」、「国民強化」を実現する。そして昭和三十、三十一年ごろまでに「支那、満州、西比利亜《シベリア》、印度、濠州、泰《タイ》、仏印、比島、ビルマ、南方諸島、米本国領地、一切を合邦、大日本帝国建設、整備」することを「主要事業」とした（毛呂正憲編『偉人中島知久平秘録』）。

これは、前に記したように、米国の「B36」に優越する遠距離爆撃機（「富岳」）をもって米本土を爆撃し、太平洋戦争に日本が勝利することを前提とするものであったに違いない。しかし、太平洋戦争は周知の通りの結末となり、それとともに、中島知久平の上記「政治十五年奮闘計画」も一場の夢と消え去った。のみならず、中島は右の「計画」を昭和三十年までに達成し、同年七十二歳をもって「引退」すると計画していたが、その時を待たずして昭和二十四年（一九四九）十月、数え年六十六歳をもってその生涯を閉じた。「政治十五年奮闘計画」は見果てぬ夢に終わったが、この見果てぬ夢のなかに、戦時下における財界および政界の「大物」としての中島知久平の本質を、読みとることができるだろう。

文献紹介——財界人物列伝と登載人物の伝記類

人物を中心にした日本経済史・経営史研究、ないし日本の財界人（資本家・企業家・経営者・実業家）の列伝の先駆としては、戦前に出版された土屋喬雄博士の『日本資本主義史上の指導者たち』を、まずあげなければならない。戦後、同博士のこの方面における研究・執筆活動はますます活発となったが、ほかにもこの方面に志す人が多くなり、この種の業績として主なものを拾ってみても、少なくも三〇点をかぞえる。戦後、我が国に経営史学および企業者史学の導入されたことが、こうした研究に拍車をかけているものと思われる。

ところで、これらの書物には、本書に登載した一〇人以外にも多数の人物がとりあげられているので、読者が本書の不足を、これらによって満たして下さるようお願いする。

なお各章の本文では、煩雑になるのを恐れて、引用文献は著者名と書名のみを示すにとどめた。発行年および発行所は、以下によって知られたい。

一、財界人物列伝

土屋喬雄著『日本資本主義史上の指導者たち』（昭和十四年、岩波新書、渋沢栄一の項あり）
楫西光速著『産業史の人々』（昭和二十九年、東京大学出版会）
土屋喬雄著『日本資本主義の経営史的研究』―第二編「明治時代における実業家の諸類型」（昭和二十九年、みすず書房）

土屋喬雄著『財閥を築いた人々』（昭和三十年、弘文堂、中上川彦次郎・池田成彬に論及）
日本経済史研究会編、服部之総・入交好脩監修『近代日本人物経済史』（上・下）（昭和三十年、東洋経済新報社、渋沢栄一・中上川彦次郎・団琢磨・池田成彬・小倉正恒・鮎川義介に論及）
土屋喬雄著『日本の政商』（昭和三十一年、経済往来社）
土屋喬雄著『日本の経営者精神』—第二編「道義的実業家列伝」（昭和三十四年、経済往来社、「渋沢栄一」の章あり）
宮本又次著『大阪人物誌——大阪を築いた人』（昭和三十五年、弘文堂）
大江志乃夫著『戦略経営者列伝——やぶにらみ資本主義史』（昭和三十八年、三一書房、中上川彦次郎・鮎川義介・池田成彬に論及）
楫西光速著『政商』（昭和三十八年、筑摩書房）
楫西光速著『政商から財閥へ』（昭和三十九年、筑摩書房）
土屋喬雄著『続日本経営理念史』—第二編第一章「渋沢栄一の経営理念」（昭和四十二年、日本経済新聞社）
中川敬一郎・由井常彦編集・解説『経営哲学・経営理念・昭和編』（財界人思想全集2・昭和四十五年、ダイヤモンド社、「池田成彬編」・「鮎川義介編」あり）
野田一夫編集・解説『経営管理観』（同全集3、昭和四十五年、同社、「岩崎小弥太編」あり）
会田雄次編集・解説『財界人の外国観』（同全集6、昭和四十五年、同社、「渋沢栄一編」あり）
鳥羽欽一郎編集・解説『財界人の教育観・学問観』（同全集7、昭和四十五年、同社、「渋沢栄一編」あり）
草柳大蔵編集・解説『財界人の人物観』（同全集9、昭和四十五年、同社、「団琢磨編」・「池田成

彬編」あり)

加藤俊彦著『日本の銀行家——大銀行の性格とその指導者』(昭和四十五年、中公新書、「三井銀行と中上川彦次郎」・「三井銀行と池田成彬」の二章あり)

大島清・加藤俊彦・大内力著『人物・日本資本主義(全一〇巻)』(東京大学出版会)、「1地租改正」(昭和四十七年)、「2殖産興業」(昭和四十九年)、「3明治初期の企業家」(昭和五十一年、渋沢栄一・中上川彦次郎に関する章あり)

森川英正著『日本型経営の源流——経営ナショナリズムの企業理念』(昭和四十八年、東洋経済新報社)

脇村義太郎著『脇村義太郎著作集第二巻経営者論』—「住友財閥の人びと」(昭和五十年、日本経営史研究所)

安藤良雄著『ブルジョワジーの群像』(「日本の歴史」第二十八巻、昭和五十一年、小学館)

吉野俊彦著『歴代日本銀行総裁論——日本金融政策史の研究』(昭和五十一年、毎日新聞社、「岩崎弥之助論」・「池田成彬論」あり)

関西経済連合会編(宮本又次執筆)『関西財界外史・戦前篇』(昭和五十一年、関西経済連合会)

宮本又次著『宮本又次著作集第九巻・大阪商人太平記・上』(昭和五十二年、講談社)

宮本又次著『宮本又次著作集第十巻・大阪商人太平記・下』(昭和五十三年、講談社)

安岡重明ほか著『日本の企業家(1)明治篇』(昭和五十三年、有斐閣新書、長沢康昭「岩崎弥之助」、安岡重明「中上川彦次郎」を収録)

由井常彦ほか著『日本の企業家(2)大正篇』(昭和五十三年、同右)

森川英正ほか著『日本の企業家(3)昭和篇』(昭和五十三年、同右、杉山和雄「池田成彬」を収録)

安岡重明著『財閥の経営史——人物像と戦略』(昭和五十三年、日経新書)

二、登載人物の伝記類

つぎに本書にとりあげた一〇人についての伝記類とこれらの人びとの著作類の主なものを左に挙げるが、正伝の多くが非売品になっており、または出版の時期が古くて手に入りにくいのは、一般読書人にとって、はなはだ不便である。図書館を利用するか、古書店を探すほかない。

1、渋沢栄一

渋沢栄一著『青淵百話』(大正十五年、国民教育会)
渋沢栄一述『青淵回顧録』(上・下)(昭和二年、同刊行会)
幸田露伴著『渋沢栄一伝』(昭和十四年、岩波書店)
土屋喬雄著『渋沢栄一伝』(昭和三十年、東洋書館)
竜門社編『渋沢栄一伝記資料』(全五八巻)(昭和三十～四十年、渋沢青淵記念財団竜門社)
渋沢秀雄著『父渋沢栄一』(上・下)(昭和三十四年、実業之日本社)
渋沢秀雄著『渋沢栄一』(昭和四十年、時事通信社)

2、岩崎弥之助

岩崎弥太郎・弥之助伝記編纂会編『岩崎弥之助伝』(上・下)(昭和四十六年、同編纂会。昭和五十四年、東京大学出版会復刻)

3、中上川彦次郎

白柳秀湖著『中上川彦次郎伝』(昭和十五年、岩波書店)
日本経営史研究所編『中上川彦次郎伝記資料』(昭和四十四年、東洋経済新報社)

4、住友吉左衛門友純《ともいと》
住友春翠編纂委員会編『住友春翠』（昭和三十年、同委員会。昭和五十年、芳泉会復刻）
5、団琢磨
故団男爵伝記編纂委員会『男爵団琢磨伝』（上・下）（昭和十三年、同委員会）
6、池田成彬《せいひん》
大沼広喜著『大蔵大臣・商工大臣・池田成彬』（昭和十三年、敬文堂書店、大観堂書店）
池田成彬述『財界回顧』（昭和二十四年、世界の日本社）
池田成彬述『故人今人』（昭和二十四年、世界の日本社）
池田成彬著『私の人生観』（昭和二十六年、文藝春秋新社）
西谷弥兵衛著『池田成彬伝』（昭和二十九年、東洋書館）
池田成彬伝記刊行会編『池田成彬』（昭和三十七年、同刊行会）
7、小倉正恒
栂井義雄著『小倉正恒伝・古田俊之助伝』（昭和二十九年、東洋書館）
小倉正恒著『小倉正恒談叢』（昭和三十年、好古庵）
神山誠著『小倉正恒』（昭和三十七年、日月社）
小倉正恒伝記編纂会編『小倉正恒』（昭和四十年、同会）
8、岩崎小弥太
岩崎小弥太伝編纂会編『岩崎小弥太伝』（昭和三十二年、同会。昭和五十四年、東京大学出版会復刻）
9、鮎川義介

鮎川義介著『物の見方考へ方』（昭和十二年、実業之日本社）
友田寿一郎編『鮎川義介縦横談』（昭和二十八年、創元社）
鮎川義介述『私の考え方』（昭和二十九年、ダイヤモンド社）
鮎川義介「私の履歴書」（日本経済新聞社編ならびに刊『私の履歴書』第二四集・昭和四十年）
小島直記著『鮎川義介伝』（昭和四十二年、日本経営出版会）
鮎川義介先生追想録編纂刊行会編『鮎川義介先生追想録』（昭和四十三年、同会）
小沢親光著『鮎川義介伝』（昭和四十九年、山口新聞社）

10、中島知久平
渡部《わたなべ》一英《かずひで》著『巨人・中島知久平』（昭和三十年、鳳文書林）
毛呂正憲編『偉人中島知久平秘録』（昭和三十五年、上毛偉人伝記刊行会）

なお三井・三菱・住友の各財閥関係登載人物については、左記の教育社「歴史新書」を参照願えれば好都合である。
安岡重明『三井財閥史・近世・明治編』、栂井義雄『三井財閥史・大正・昭和編』、三島康雄『三菱財閥史・明治編』、『同・大正・昭和編』、作道洋太郎『住友財閥史』

三、**各章別参考文献**

以上に挙げていないもので、各章の執筆に当たって参照した文献の主なものを、左に示しておく。

概観
高橋亀吉著『日本近代経済形成史』（全三巻）（昭和四十三年、東洋経済新報社）
同『日本近代経済発達史』（全三巻）（昭和四十八年、同右）

同『大正昭和財界変動史』（全三巻）（昭和三十年、同右）
堀越禎三編『経済団体連合会前史』（昭和三十七年、経済団体連合会）
日本工業倶楽部編『日本工業倶楽部五十年史』（昭和四十七年、同倶楽部）

1　渋沢栄一
『山路愛山選集』（昭和三年、萬里閣書房）（「現代金権史」・「現代富豪論」・「経済雑論」を収録）
第一銀行八十年史編纂室『第一銀行史・上巻』（昭和三十二年、同行）

2　岩崎弥之助
岩崎弥太郎・弥之助伝記編纂会編『岩崎弥太郎伝』（上・下）（昭和四十二年、同編纂会。昭和五十四年、東京大学出版会復刻）
岩崎久弥伝編纂委員会『岩崎久弥伝』（昭和三十六年、同委員会。昭和五十四年、東京大学出版会復刻）
鵜崎熊吉著『豊川良平』（大正十一年、豊川良平伝記編纂会）
福沢桃介著『財界人物我観』（昭和五年、ダイヤモンド社）
三宅晴輝著『日本銀行』（昭和二十八年、文藝春秋新社）
白柳秀湖著『西園寺公望』（昭和四年、日本評論社）

3　中上川彦次郎
三井銀行八十年史編纂委員会『三井銀行八十年史』（昭和三十二年、同行）
株式会社三井本社編『三井本社史』（昭和三十一年編纂、未公刊）
高橋義雄著『箒のあと』（上）（昭和八年、秋豊園）

4　住友吉左衛門

広瀬宰平「半世物語」(長幸男編『財界百年』、昭和四十四年、筑摩書房)
西川正治郎著『幽翁』(伊庭貞剛正伝)(昭和八年、文政社。昭和四十九年復刻、住友金属鉱山株式会社)
鈴木馬左也翁伝記編纂会『鈴木馬左也』(昭和三十六年、株式会社住友本社)
川田順著『住友回想記』(昭和二十六年、中央公論社)
川田順著『続住友回想記』(昭和二十八年、同右)
住友銀行史編纂委員会『住友銀行八十年史』(昭和五十四年、同行)
宮本又次・作道洋太郎編著『住友の経営史的研究』(昭和五十四年、実教出版)

5　団琢磨

『三井事業史・資料篇三』(昭和四十九年、三井文庫)
『三井金属修史論集』第十号(昭和五十三年)

6　池田成彬

小林一三著『逸翁自叙伝』(昭和二十八年、産業経済新聞社)
鈴木茂三郎著『財界人物読本』(昭和十二年、春秋社)

7　小倉正恒

安藤良雄編著『昭和政治経済史への証言・中』(昭和四十一年、毎日新聞社、「住友と重工業」)
東洋経済新報社編『昭和産業史』第一巻(昭和二十五年、同社)
堀越二郎・奥宮正武共著『零戦』(昭和二十八年、日本出版協同株式会社)
早川幸市著『住友機械六十年史物語』(昭和四十三年、住友機械工業株式会社)

8　岩崎小弥太

旗手勲著『日本の財閥と三菱』（昭和五十三年、楽游書房）
持株会社整理委員会編『日本財閥とその解体』および同資料（昭和二十五年および二十六年、同委員会、昭和四十八年および四十九年復刻、原書房）
三菱鉱業セメント株式会社『三菱鉱業史』（昭和五十一年、同社）
森川英正「岩崎小弥太と三菱財閥の企業組織」（『経済志林』昭和四十一年一月）

9　鮎川義介

和田日出吉著『日産コンツェルン読本』（昭和十二年、春秋社）
原朗「『満州』における経済統制政策の展開——満鉄改組と満業設立をめぐって——」（安藤良雄編『日本経済政策史論・下』、昭和五十一年、東京大学出版会）
宇田川勝「新興財閥——日産を中心に」（安岡重明編『日本の財閥』、昭和五十一年、日本経済新聞社）
宇田川勝「日産財閥の満州進出」（『経営史学』第一一巻第一号、昭和五十一年）
閉鎖機関整理委員会『閉鎖機関とその特殊清算』（昭和二十九年、同委員会）
満史会編『満州開発四十年史』上・下（昭和三十九年、同刊行会）（補巻あり）（東洋経済・松山商科大学）

10　中島知久平

日本興業銀行臨時資料室『日本興業銀行五十年史』（昭和三十二年、同行）

文庫版解説　戦前財界を彩った企業人たち

武田晴人

著者について

『日本資本主義の群像』の著者である栂井義雄は、一九〇六年に台湾の台南市に生まれ、現在の一橋大学の前身になる東京商科大学を一九三〇年に卒業後、東洋経済新報社に入社したジャーナリストであり、出版局長を経て、一九五七年から六二年まで同社の常務取締役を務めている。そのジャーナリストとしての活動のなかで三七年に『戦争・財閥・軍需工業』東洋経済新報社、四一年に『独逸の証券及株式会社統制』東洋書館、五四年に『小倉正恒伝・古田俊之助伝』東洋書館、五六年に『財閥と資本家たち　日本資本主義断面史』学風書院などを執筆・刊行している。

こうした活動が評価されて、東洋経済新報社を退職後、一九六三年四月から専修大学経営学部教授となり、五二年に定年退職するまで、大学教員として主として三井財閥を対象とする財閥史研究を進めて、一九七四年に東洋経済新報社から出版した『三井物産会社の経営史的研究』によって、七六年に中央大学から商学博士号を授与されている。

本書の特徴

本書は、一九八三年に死去した著者栂井義雄の最後の著作である。その執筆に当たって著者は、「はしがき」において、すでに経営史研究に十分な蓄積があり、また戦前から財界人の列伝があまたあるなかで、本書に「人物財界史」と副題をつけて「代表的財界人の活動を通じて、明治維新から終戦までの日本財界の流れを描」くことを主題としたことを明らかにしている。

日本の近現代史を彩る企業の発展に貢献した群像に関する書物は、戦前期からいくつもの「財界列伝」があり、人物論が展開されている。そして本書と前後して、安藤良雄『ブルジョアジーの群像』(日本の歴史 28、小学館、一九七六年)、安岡重明・由井常彦・森川英正・下川浩一ほか編『日本の企業家』1~4(有斐閣新書、一九七八~八〇年)などが刊行されている。このほか、企業家個人の評伝や研究書は枚挙にいとまがないほどあるが、有力な実業家を手軽に一覧できるという点で本書は、経営史に関心を持つ人の入門書として最適なものであり、著者の言葉によれば、「経営史・経済史的なにおいのする歴史読みもの」ということができる。

そうしたなかで、本書の特徴は、上述の主題に沿って冒頭に「概観日本財界小史」をおいて財界の定義からはじめて、戦前の財界史をまず描いていることである。このような構成を取った理由は、本編で取り上げる一〇人ほどの有力実業家たちの活動の舞台を読者に示すことによって、時代の変化とともに、それぞれの登場人物の位置関係などを理解しやすくできると考えたからであろう。著者も「はしがき」で「個々の財界人の記述に読み進む前に、まず『概観』を一読するように御願いする」と書いている。この視点は、経済活動と政治体制との関連などに留意することが、日本の近現代史を経営者・企業家の視点から理解するうえで重要だと著者が考えていることを示している。この点では、それから二〇年ほど後の宮本又郎『企業家たちの挑戦』(日本の近代 11、中央公論社、一九九九年)が経済発展の道筋のなか経営者・企業家の多様な姿を描いていることとやや異なっている。著者にとっては、経済社会の変化を、実業の世界が経済政策などに影響を及ぼしていく過程を含めて総合的に描くことに重要な意味を見いだしているということであろう。

そのため、著者は「概観日本財界小史」において、財界について高度経済成長を経験した日本では、「日本株式会社」の政策決定に影響力を持つ経済界の権力集団という意味で使われるようになったとの理解から出発し、そのような戦後の経済団体連合会などの役割に注目しながら、戦前期については「戦前『財界の巨頭』と呼ばれた人びと、すなわち経済におけるパワー・エリートによって構成される社会」として財界を定義している。これに基づいて「概観」では明治後半期の銀行家を中心とした実業家の動きを前史として、大正期に「工業家の世界」が財界を構成するようになり、日本工業倶楽部や日本経済連盟会などの活動が展開することを示している。

取り上げた財界人

財界史から始めた著者は、取り上げる人物として財界との関係が深い財閥などの経営者などから主として選んでいる。具体的には、著者が「指導者型企業家」として特徴づけた渋沢栄一のほか、七人が三井、三菱、住友の関係者から、そして残りの二人が新興財閥と目される企業を築いた人物の合計一〇人となる。

一番手は、「日本資本主義の父」とも呼ばれ、合本主義を唱えた渋沢栄一である。渋沢は、第一国立銀行の経営者であると同時に、銀行業者の団体を組織して銀行業の発展に尽くし、また、さまざまな分野の企業設立に発起人などとして旗振り役ともなった。さらに商業会議所の会頭として明治期を通して財界を代表し、必要に応じて経済政策などにも意見を具申してきた。これが財界のオピニオンリーダーとしての渋沢を特徴づけると著者は考えている。

渋沢に続くのは、三井の中上川彦次郎、団琢磨、池田成彬の三人、三菱の岩崎弥之助と小弥太、住友の住友吉左衛門と小倉正恒の三大財閥の経営陣である。中上川は、明治半ばに三井組の経営改革のために井上馨などの推薦によって入社し、三井銀行の不良債権の整理などの経営改善を進めながら、「工業化路線」を推進し、三井の「産業資本への脱皮」を果たしたと評価されている。この中上川の経営方針は、三井の内部で軋轢を生んで三井物産の益田孝によって転換されることになるが、中上川に取って代わった益田孝に対する著者の評価はそれほど高くないようであり、中上川を日本における専門経営者の先駆と位置づけている。

益田を経て第一次大戦期以降の三井の総帥となったのが団琢磨である。MITで学んだ鉱山技術者であった団は、三池鉱山の払い下げに伴って三井に入社し、益田の信頼を得て一九〇九（明治四二）年に使用人としてはトップの地位である筆頭参事となり、一九一四（大正三）年には三井合名の理事長に就任した。三井の事業活動の総指揮をとる一方で、団は、日本工業倶楽部理事長、日本経済連盟会会長という「総資本代表」としての役割を果たし、労働組合法の制定反対などの運動の先頭にたって、制定を阻止した。また、満州事変に際して、日本に対する国際的な理解を得るためにリットン調査団などとも懇談したが、その懇談の翌日に血盟団員の凶弾に倒れた。そのために事変が日中全面戦争に拡大することを憂慮していた団の努力は実を結ばなかった。

団の暗殺後の三井財閥の指揮を引き受けたのが池田成彬であった。中上川のもとで三井銀行に入行した池田は、銀行家としての実績を積み上げて三井銀行の筆頭常務となったが、金融恐慌のきっかけとなった鈴木商店の破綻に際して、鈴木商店のメインバンクであった台湾銀行へのコールをいち早く回収して、三井銀行の安泰を図った。その後、財閥批判の高まりのなかで団が凶弾に倒れた後、一九三三年に三井家当主八郎右衛門高棟から高公への代替わりに際して池田は三井合名筆頭常務理事となった。池田は、公共事業・社会事業への寄付、三井一族の事業経営の第一線からの引退、傍系会社株式の公開などによって財閥への批判に対処し、その際に自ら導入した役員定年制によって三年後に三井の総帥の地位を退いた。著者が、池田を取り上げた理由は、財界での団の地位を継承はしなかったものの、退職後に日本銀行総裁、大蔵大臣兼商工大臣（第一次近衛内閣）を務めるなど、戦時体制へと移行する日本経済のなかで枢要の地位に立ったことなどに注目したからであろう。池田は経済統制の強化には必ずしも賛成ではなく、また英米との戦争にも反対の立場に立ったことも紹介されている。

三菱については、二代目の岩崎弥之助と四代目の小弥太が選ばれている。三菱財閥史では、初代の弥太郎に注目することが多く、二代目で弟弥之助を取り上げる例は珍しい。しかし、弥之助は、日本郵船の設立によって弥太郎時代の主業であった海運業を失った三菱・岩崎家の事業基盤の再構築に極めて大きな役割を果たした。加えて、著者が弥之助に注目したのは、明治半ばに川田小一郎、岩崎弥之助、山本達雄と三代にわたって三菱出身者が日本銀行総裁についたことであった。尊大な川田とは異なり、弥之助は実直に日銀総裁の職務に精励し、金本位制採用前後の日本の金融政策に画期的な大転換をもたらした貢献が強調される。また、「政治嫌い」とみられていた弥之助が、実際には伊藤博文などによる組閣のたびに舞台裏で「政界の黒幕」として活動していたことが紹介されている。

三代目岩崎久弥をはさんで四代目を継いだ小弥太は、父弥之助とは異なり、政治への不関与を貫いた経営者であった。創業者一族として三菱の「社長独裁」を継承した陣頭指揮型の経営者として、その経営指導力は高く、持株会社を中核とする三菱財閥の多角的事業経営体を完成させ、さらに化学、電機、内燃機などの事業の多角化を進めることで、「財閥」として地位を確立させた。小弥太は、事業拡大に沿って側近の専門経営者たちに活躍の場を与え、彼らとの合議制を導入するなど分権化も進めるとともに、子会社の株式公開だけでなく、本社の株式を公開して事業活動の公益性にふさわしい経営体制への転換を進めた。こうした三菱財閥の成長は、戦時体制期に三菱を航空機生産や戦艦建造などに代表される「軍事生産力および金融商工業の全能力」によって揺るぎない地位を与えており、著者は、小弥太が政治への不関与を貫いた理由は、「小弥太自身が一個の権威」となったからであると捉えている。

住友では、住友吉左衛門がまず取り上げられる。岩崎家とは対照的に近代の住友家では当主は「象徴的君主」であったが、それは広瀬宰平や伊庭貞剛などの番頭格の幹部が経営の実権を持っていたこと、吉左衛門友純が徳大寺家からの養子であったことなどの事情もあった。この養子縁組も広瀬や伊庭の差配によるものであり、友純は住友の事業経営に積極的に関わることはなく、関西財界の名士として君臨していた。その間に住友は別子銅山から伸銅・鋼管・電線・肥料などの関連事業に進出するとともに、銀行業を経営するなどの多角化を果たし、第一次大戦後には三井・三菱に少し遅れて持株会社を頂点とする財閥組織へと移行した。この発展を主導したのは、広瀬・伊庭の後継者となった鈴木馬左也であった。これらの発展に際して、友純は明治天皇の侍従長となった実家の徳大寺実則や実兄である西園寺公望など中央政界につながる人脈を利用して特別の権益を得たことはなかったという。事業発展の牽引力としては、経営者としての広瀬、伊庭、鈴木などの業績に注目すべきだが、住友友純の血筋が著者の関心を引いたものだろうが、財界人としての活動に目立ったものはなかった。

住友では、もう一人小倉正恒が戦時期にかけての指導者として取り上げられる。歴代の総理事のなかでは、合資会社への改組を実現し、大戦期の貿易業への進出に反対した鈴木馬左也が注目されることが多いが、その歿後、中田錦吉、湯川寛吉を経て、一九三〇年に総理事に就任し、それから一〇年、戦時体制に向かうなかで住友の最高指揮者となったのが小倉正恒であった。内務省を経て住友に入社した小倉は、住友総本店支配人から理事、常務理事などと順調にキャリアを積み上げ、鈴木のもとで住友の中枢を歩んできた。本家は友純から友成に代替わりしていたが、友成も経営に関与することはなく、小倉の指揮の下で住友財閥は、戦時体制に即応しうる軍需素材の生産などで飛躍的発展を遂げ、三七年には本社組織を株式会社（住友本社）へ改組した。また、アルミ生産などの新事業への進出や航空機用プロペラ生産、満洲への進出なども実現した。著者が小倉を取り上げた理由は、こうした戦時体制期の軍需生産への貢献だけでなく、三井の池田同様に、住友を退いたのち小倉が第二次近衛内閣に入閣したことであろう。小倉は、軍部・革新官僚と財界との摩擦の調整と総合的な戦時経済政策の樹立を任務としていたという。ただし、その企図は内閣が短命であったために実現しなかった。

新興財閥の代表として選ばれた鮎川義介、中島知久平は、「新興」の冠が示すように一代で巨大事業を築き上げた立志伝中の人物であり、いずれも政治家としても活動した。日産財閥を築いた鮎川義介は、三〇歳で戸畑鋳物を創立した後、義弟久原房之助が経営していた久原鉱業の経営再建のため一九二七年に久原に入社して社長となり、同社を公開持株会社として資金を集めるとともに、日本産業株式会社に改称し、傘下に日本鉱業、日立製作所などを従える企業グループを作り上げた。その後、自動車や化学への参入などの多角化を進める一方で、三七年には満洲国に事業を移駐するなど時局の変化に応じた事業発展を指揮した。もっとも、満洲移駐は資源などの面で誤算があって期待を裏切られる結果となり、鮎川は内地に戻った。また、鮎川は日中戦争の早期終結と日米戦争の回避に努めたが、その建言は実を結ばなかった。

中島飛行機を創設した中島知久平は、海軍軍人として得た知見から、航空機の時代が到来することを予想して、一九一七年に海軍を退役して独力で軍用機生産に着手した。いまだ大艦巨砲主義が主流の軍事戦略であった時期に航空機に着眼した中島の先見性は際立っていた。しかし、その道程は容易ではなく、各方面からの資金などの援助を受けたとはいえ、その経営拡大が本格化するのは、創業から二〇年余りのちの三八年に制定された航空機製造事業法に基づく許可会社となってからであった。同法に基づいて、日本興業銀行からの融資などを受けて事業資金を獲得し、中島飛行機は三菱重工業を凌ぐ航空機製造企業として、太平洋戦争期の航空機生産を支えることになった。この間、中島は三〇年に衆議院議員に当選してから政友会代議士としても活躍し、三九年には政友会革新派の総裁となるなど、政治家としての勢力拡大にも目を見張るものがあった。

本書の現代的意義

刊行から四〇年を経て本書が再刊されるのは、その独自の視点が現在では失われつつある問題意識を明確にしていることにあるように思われる。第二次大戦後でも本書の視点を継承して財界人を選ぶとすれば、石坂泰三や土光敏夫などの名前を挙げることになるだろう。しかし、それでは今日、石坂や土光がどのような企業活動を通して「財界総理」と呼ばれるような地位に立ったのかを知るものは少ないだろう。他方で、本田宗一郎や盛田昭夫、中内功などの成功した企業家について、その業績をある程度は知っている読者は少なくないだろう。この違いは本書が刊行された一九八〇年以後に経営史研究が積み上げられ、そのなかでも企業家論が大きなテーマの一つになったことと関係している。

そうした新しい潮流を踏まえて戦前期までの代表的な企業家を選ぶとすれば、本書の一〇人とは異なるラインナップになるかもしれない。渋沢栄一、団琢磨、岩崎小弥太、鮎川義介などは多くの人たちが同意する候補だろうが、もし評者が選ぶとしても、他の六人は別の人物になる。その理由は、企業家として革新的な事業活動を展開し事業を成長に結びつけた人物に対して、経営史研究ではより多くの関心が集められてきたからである。

これに対して、本書では、事業活動を指揮した業績だけでなく、財界小史という視点からその財界人としての地位に基づいて政治体制、政策決定に影響を及ぼす活動を展開した人物が選択されている。事業活動での成功という評価軸だけではなく、その政治的な影響力というもう一つの評価軸を加えた二つの座標軸から対象とする人物が選ばれている。このような複軸の評価を財界史という視点で採用した背景には、東洋経済新報社における長いジャーナリスト経験のなかで、経済活動と政治・政策決定の関係などの見聞を重ねて、歴史的な展開にこの側面の重要性を実感してきたことが基盤にあるかもしれない。創造的革新を通して企業家が経済発展の実現にどのように貢献してきたのかという現代では主流となっている関心のあり方の重要性は否定すべきできないが、そうした事業活動を通して企業経営者が獲得した社会的地位が経済社会を超えて日本の歴史にどのような足跡を残したのか、企業家たちは日本の政治体制にどのような影響を持ち得たのかを問うことも重要であろう。それは社会科学の幅広い研究分野において、それぞれの固有の問題関心をつなぐような役割を果たすことも期待できる。本書は一〇人の人物像を通して、そうした視点の重要性を気づかせてくれる。

ところで、近代日本の経営者については、しばしば国益志向であったことが強調されてきた。そうした理念に立つことによって日本の急速な経済発展が可能になったと考えられてきたからである。本書の基本的なスタンスもこのような捉え方に立っている。ただし、著者は、財界人たちがどのような理念に立って経済活動を行い、さらに政治へと関与したのかに関連して、昭和戦前期に池田成彬や鮎川義介が日米開戦を回避するために努力したことを指摘している。その意味で、財界人たちは、同時代の国策の決定に対して異議を申し立てる側面があったことも明示している。財界人たちは、独自の視点に立って国策の決定に意見具申に努めたことは見逃すべきではないだろう。

しかし、このような財界人に対する評価については、その後の経済史・経営史の研究によって「国益志向」などと特徴づけられる企業人が自らの業績を語る際に用いた「国益」という言葉の意味が再検討されたことについては、注意しておく必要がある。この点については、藤田貞一郎・斉藤修などの検討に基づいて私見をまとめたことがあるが（武田晴人『日本人の経済観念』岩波現代文庫、二〇〇八年)、企業人たちが「国益」重視を強調したとしてもそれは「国家への奉仕」を意味したわけではなかったと現在は考えられている。彼らは単純な私益の追求は二の次にしていたが、国家への奉仕というよりは、事業活動が経済社会に貢献することを重視していた。その意味では、本書において住友が「国家公益」を目指したことを軍需生産への貢献という戦争目的に直結させていることには疑問がある(182頁)。時代とともにそのような意味に「国益」を考える風潮が強まった可能性があるとはいえ、住友が「国家公益」と表現し、「国益」ではなく「公益」としていることに注意すべきだろう。同時代の岩崎小弥太が三菱の事業について、社会的に有益であるかどうかという意味で「公益」への貢献を重視していたことはよく知られている。つまり、国策への追随ではなく、現代では「社会貢献」という言葉に近く、それも本業を通しての社会貢献が大事にされていた。このように事業経営者たちが、何を目標として事業経営に携わっていたのかについて、本書が描いた経済界の指導者たちの姿を通して考えることは、私益の性格が強い「企業の利益」や「株主の利益」を重視するようになっている現代社会のなかでは有意義なことであろう。本書は、そうした意味でも一読に値するものである。

(たけだ・はるひと　東京大学名誉教授・日本経済史)

本書は一九八〇年八月、教育社から刊行された。

中世の窓から 阿部謹也

中世ヨーロッパに生じた産業革命にも比する大転換——。名もなき人びとの暮らしを丹念に辿り、その全体像を描き出す。大佛次郎賞受賞。（樺山紘一）

1492 西欧文明の世界支配 ジャック・アタリ 斎藤広信訳

1492年コロンブスが新大陸を発見したことで、アメリカをはじめ中国・イスラム等の独自文明は抹殺された。現代世界の来歴を解き明かす一冊。

憲法で読むアメリカ史（全） 阿川尚之

建国から南北戦争、大恐慌と二度の大戦をへて現代まで。アメリカの歴史は常に憲法を通じ形づくられてきた。この国の底力の源泉へと迫る壮大な通史！

専制国家史論 足立啓二

封建的な共同団体性を欠いた専制国家・中国。歴史的にこの国はいかなる展開を遂げてきたのか。中国の特質と世界の行方を縦横に考察した比類なき論考。

暗殺者教国 岩村忍

政治外交手段として暗殺をくり返したニザリ・イスマイリ教国。広大な領土を支配したこの国の奇怪な活動を支えた教義とは？（鈴木規夫）

増補 魔女と聖女 池上俊一

魔女狩りの嵐が吹き荒れた中近世、美徳と超自然的力により崇められる聖女も急増する。女性嫌悪と礼賛の熱狂へ人々を駆りたてたものの正体に迫る。

ムッソリーニ ロマノ・ヴルピッタ

統一国家となって以来、イタリア人が経験した激動の歴史。その象徴ともいうべき指導者の実像とは。既成のイメージを刷新する画期的ムッソリーニ伝。

資本主義と奴隷制 エリック・ウィリアムズ 中山毅訳

産業革命は勤勉と禁欲と合理主義の精神などではなく、黒人奴隷の血と汗がもたらしたことを告発した歴史的名著。待望の文庫化。（川北稔）

中華人民共和国史十五講 王丹 加藤敬事訳

八九年天安門事件の学生リーダー王丹。逮捕・収監後、亡命先で母国の歴史を学び直し、敗者たちの透徹した認識を復元する、鎮魂の共和国六〇年史。

増補 中国「反日」の源流　岡本隆司
「愛国」が「反日」と結びつく中国。この心情は何に由来するのか。近代史の大家が20世紀の日中関係を解き、中国の論理を描き切る。（五百旗頭薫）

世界システム論講義　川北稔
近代の世界史を有機的な展開過程として捉える見方、それが〈世界システム論〉にほかならない。第一人者が豊富なトピックとともにこの理論を解説する。

インド文化入門　辛島昇
異なる宗教・言語・文化が多様なまま統一された稀有な国インド。なぜ多様性は排除されなかったのか。共存の思想をインドの歴史に学ぶ。（竹中千春）

中国の歴史　岸本美緒
中国とは何か。独特の道筋をたどった中国社会の変遷を、東アジアとの関係に留意して解説。初期王朝から現代に至る通史を簡明かつダイナミックに描く。

大都会の誕生　喜安朗／川北稔
都市型の生活様式は、歴史的にどのように形成されてきたのか。この魅力的な問いに、碩学がふたつの都市の豊富な事例をふまえて重層的に描写する。

共産主義黒書〈ソ連篇〉　ステファヌ・クルトワ／ニコラ・ヴェルト　外川継男訳
史上初の共産主義国家〈ソ連〉は、大量殺人・テロル・強制収容所を統治形態にまで高めた。レーニン以来行われてきた犯罪を赤裸々に暴いた衝撃の書。

共産主義黒書〈アジア篇〉　ステファヌ・クルトワ／ジャン＝ルイ・マルゴラン　高橋武智訳
アジアの共産主義国家は抑圧政策においてソ連以上の悲惨を生んだ。中国、北朝鮮、カンボジアなどでの実態は我々に歴史の重さを突き付けてやまない。

ヨーロッパの帝国主義　アルフレッド・W・クロスビー　佐々木昭夫訳
15世紀末の新大陸発見以降、ヨーロッパ人はなぜ次々と植民地を獲得できたのか。病気や動植物に着目して帝国主義の謎を解き明かす。（川北稔）

民のモラル　近藤和彦
統治者といえど時代の約束事に従わざるをえなかった18世紀イギリス。新聞記事や裁判記録、ホーガースの風刺画などから騒擾と制裁の歴史をひもとく。

台湾総督府　黄昭堂

清朝中国から台湾を割譲させた日本は、新たな統治機関として台北に台湾総督府を組織した。抵抗と抑圧と建設。植民地統治の実態を追う。（檜山幸夫）

増補 大衆宣伝の神話　佐藤卓己

祝祭、漫画、シンボル、デモなど政治の視覚化は大衆の感情をどのように動員したか。ヒトラーが学んだプロパガンダを読み解く「メディア史」の出発点。

ユダヤ人の起源　シュロモー・サンド　高橋武智監訳　佐々木康之／木村高子訳

〈ユダヤ人〉はいかなる経緯をもって成立したのか。歴史記述の精緻な検証によって実像に迫り、そのアイデンティティを根本から問う画期的試論。

中国史談集　澤田瑞穂

皇帝、彫青、男色、刑罰、宗教結社など中国裏面史を彩った人物や事件を中国文学の碩学が独自の視点で解き明かす。怪力乱「神」をあえて語る！（堀誠）

ヨーロッパとイスラーム世界　R・W・サザン　鈴木利章訳

〈無知〉から〈洞察〉へ。キリスト教文明とイスラーム文明との関係を西洋中世にまで遡って考察し、読者に歴史的見通しを与える名講義。（山本芳久）

消費社会の誕生　ジョオン・サースク　三好洋子訳

グローバル経済は近世イギリスの新規起業が生み出した！　産業が多様化し雇用と消費が拡大する産業革命前夜を活写した名著を文庫化。（山本浩司）

図説　探検地図の歴史　R・A・スケルトン　増田義郎／信岡奈生訳

世界はいかに〈発見〉されていったか。人類の知が全地球を覆っていく地理的発見の歴史を、時代ごとの地図に沿って描き出す。貴重図版二〇〇点以上。

同時代史　タキトゥス　國原吉之助訳

古代ローマの暴帝ネロ自殺のあと内乱が勃発。絡みあう人間ドラマ、陰謀、凄まじい政争を、臨場感あふれる鮮やかな描写で展開した大古典。（本村凌二）

明の太祖　朱元璋　檀上寛

貧農から皇帝に上り詰め、巨大な専制国家の樹立に成功した朱元璋。十四世紀の中国の社会状況を読み解きながら、元璋を皇帝に導いたカギを探る。

ハプスブルク帝国 1809-1918
A・J・P・テイラー　倉田稔訳
ヨーロッパ最大の覇権を握るハプスブルク帝国。その19世紀初頭から解体までを追う。多民族を抱えつつ外交問題に苦悩した巨大国家の足跡。（大津留厚）

歴史（上・下）
トゥキュディデス　小西晴雄訳
野望、虚栄、裏切り——古代ギリシアを殺戮の嵐に陥れたペロポネソス戦争とは何だったのか。その全貌を克明に記した、人類最古の本格的「歴史書」。

日本陸軍と中国
戸部良一
中国スペシャリストとして活躍し、日中提携を夢見た男たち。なぜ彼らが、泥沼の戦争へと日本を導くことになったのか。真相を追う。（五百旗頭真）

カニバリズム論
中野美代子
根源的タブーの人肉嗜食や纏足、宦官……。目を背けたくなるものを冷静に論ずることで逆説的に人間の真実に迫る血の滴る異色の人間史。（山田仁史）

帝国の陰謀
蓮實重彦
一組の義兄弟による陰謀から生まれたフランス第二帝政。「私生児」の義弟が遺した二つのテクストを読解し、近代的現象の本質に迫る。（入江哲朗）

交易の世界史（上）
ウィリアム・バーンスタイン　鬼澤忍訳
絹、スパイス、砂糖……。新奇なもの、希少なものへの欲望が世界を動かし、文明の興亡を左右してきた。数千年にもわたる交易の歴史を一望する試み。

交易の世界史（下）
ウィリアム・バーンスタイン　鬼澤忍訳
交易は人類そのものを映し出す鏡である。圧倒的な繁栄をもたらし、同時に数多の軋轢と衝突を引き起こしてきたその歴史を圧巻のスケールで描き出す。

フランス革命の政治文化
リン・ハント　松浦義弘訳
フランス革命固有の成果は、レトリックやシンボルによる政治言語と文化の創造であった。政治文化とそれを生み出した人々の社会的出自を考察する。

戦争の起源
アーサー・フェリル　鈴木主税／石原正毅訳
人類誕生とともに戦争は始まった。先史時代からアレクサンドロス大王までの壮大なるその歴史をダイナミックに描く。地図・図版多数。（森谷公俊）

法の原理
トマス・ホッブズ
高野清弘訳
ホッブズ最初の政治理論書。十七世紀イングランドの政治闘争を背景に、人間本性の分析を経て、安全と平和をもたらす政治体が考察される。（加藤節）

戦略の形成（上）
ウィリアムソン・マーレー／マクレガー・ノックス／アルヴィン・バーンスタイン編著
石津朋之／永末聡監訳
歴史と戦争研究会訳
戦略の本質とは！　統治者や国家が戦略を形成する際の錯綜した過程と決定要因を歴史的に検証・考察した事例研究。上巻はアテネから第一次大戦まで。

戦略の形成（下）
ウィリアムソン・マーレー／マクレガー・ノックス／アルヴィン・バーンスタイン編著
石津朋之／永末聡監訳
歴史と戦争研究会訳
戦略には論理的な原理は存在しない！　敵・味方の相互作用であり、それゆえ認識や感覚の問題である。下巻はナチス・ドイツから大戦後のアメリカまで。

アメリカ様
宮武外骨
占領という外圧によりもたらされた主体性のない言論の自由の脆弱さを、体を張って明らかにした、ジャーナリズムの記念碑的名著。（西谷修／吉野孝雄）

組織の限界
ケネス・J・アロー
村上泰亮訳
現実の経済において、個人より重要な役割を果たす組織。その経済学的分析はいかに可能か。ノーベル賞経済学者による不朽の組織論講義！（坂井豊貴）

資本主義から市民主義へ
岩井克人
聞き手＝三浦雅士
来るべき市民主義とは何か。貨幣論に始まり、資本主義論、法人論、信任論、市民社会論、人間論まで、多方面にわたる岩井理論がこれ一冊でわかる！

有閑階級の理論［新版］
ソースタイン・ヴェブレン
村井章子訳
流行の衣服も娯楽も教養も「見せびらかし」にすぎない。野蛮時代に生じたこの街示的消費の習慣はどう進化したか。ガルブレイスの解説を付す新訳版。

資本論に学ぶ
宇野弘蔵
マルクスをいかに読み、そこから何を考えるべきか。『資本論』を批判的に継承し独自の理論を構築した泰斗がその精髄を平明に説き明かす。（白井聡）

社会科学としての経済学
宇野弘蔵
資本主義の原理は、イデオロギーではなく科学的態度によってのみ解明できる。マルクスの可能性を極限まで突き詰めた宇野理論の全貌。（大黒弘慈）

満足の文化
J・K・ガルブレイス
中村達也訳
なぜ選挙で何も変わらないのか。それは政財官学が作り出した経済成長の物語に、多くの人がのっかっているからだ。先進資本主義社会の病巣に迫る。

ノーベル賞で読む現代経済学
トーマス・カリアー
小坂恵理訳
経済学は世界をどう変えてきたか。ノーベル経済学賞全受賞者を取り上げ、その功績や影響から現代経済学の流れを一望する画期的試み。（瀧澤弘和）

経済政策を売り歩く人々
ポール・クルーグマン
伊藤隆敏監訳
北村行伸／妹尾美起訳
マスコミに華やかに登場するエコノミストたち。実はインチキ政策を売込むプロモーターだった！　危機に際し真に有効な経済政策がわかる必読書。

クルーグマン教授の経済入門
ポール・クルーグマン
山形浩生訳
経済にとって本当に大事な問題って何？　実は、生産性・所得分配・失業の3つだけ!?　楽しく読めてきちんと分かる、経済テキスト決定版！

自己組織化の経済学
ポール・クルーグマン
北村行伸／妹尾美起訳
複雑かつ自己組織化している経済というシステムに、複雑系の概念を応用すると何が見えるのか。不況発生の謎は解ける？　経済学に新地平を開く意欲作。

比較歴史制度分析（上）
アブナー・グライフ
岡崎哲二／神取道宏監訳
中世後期は商業的統合と市場拡大が進展した時代と言われる。ゲーム理論に基づく制度分析を駆使して、政体や経済の動態的変化に迫った画期的名著。

比較歴史制度分析（下）
アブナー・グライフ
岡崎哲二／神取道宏監訳
中世政治経済史の理論的研究から浮き上がる制度の適用可能性とは。本書は、その後のヨーロッパの発展と内部に生じた差異について展望を与える。

企業・市場・法
ロナルド・H・コース
宮澤健一／後藤晃／藤垣芳文訳
「社会的費用の問題」「企業の本質」など、20世紀経済学に決定的な影響を与えた数々の名論文を収録。ノーベル賞経済学者による記念碑的著作。

貨幣と欲望
佐伯啓思
無限に増殖する人間の欲望と貨幣を動かすものは何か。経済史、思想史的観点から多角的に迫り、グローバル資本主義を根源から考察する。（三浦雅士）

ポランニー・コレクション
経済と自由
カール・ポランニー
福田邦夫ほか訳
二度の大戦を引き起こした近代市場社会の問題点をえぐり出し、真の平和に寄与する社会科学の構築を目指す。ポランニー思想の全てが分かる論稿集。

経済思想入門
松原隆一郎
スミス、マルクス、ケインズら経済学の巨人たちは、どのような問題に対峙し思想を形成したのか。その今日的意義までを視野に説く、入門書の決定版。

自己組織化と進化の論理
スチュアート・カウフマン
米沢富美子監訳
森弘之ほか訳
すべての秩序は自然発生的に生まれる、この「自己組織化」に則り、進化や生命のネットワーク、さらに経済や民主主義にいたるまで解明。

人間とはなにか（上）
マイケル・S・ガザニガ
柴田裕之訳
人間を人間たらしめているものとは何か？ 脳科学界を長年牽引してきた著者が、最新の科学的成果を織り交ぜつつその核心に迫るスリリングな試み。

人間とはなにか（下）
マイケル・S・ガザニガ
柴田裕之訳
人間の脳はほかの動物の脳といったい何が違うのか？ 社会性、道徳、情動、芸術など多方面から「人間らしさ」の根源を問う。ガザニガ渾身の大著！

新版
自然界における左と右（上）
マーティン・ガードナー
坪井忠二／藤井昭彦／小島弘訳
「左と右」は自然界において区別できるか？ 上巻では、鏡の像の左右逆転から話をはじめ、動物や人体における非対称、分子の構造等について論じる。

新版
自然界における左と右（下）
マーティン・ガードナー
坪井忠二／藤井昭彦／小島弘訳
左右の区別を巡る旅は続く――下巻では、パリティの法則の破れ、反物質、時間の可逆性等が取り上げられ、壮大な宇宙論が展開される。（若島正）

ナチュラリストの系譜
木村陽二郎
西欧でどのように動物や植物の観察が生まれ、生物学の基礎となったか。分類体系の変遷、啓蒙主義との親和性等、近代自然誌を辿る名著。（塚谷裕一）

MiND《マインド》
ジョン・R・サール
山本貴光／吉川浩満訳
唯物論も二元論も、心をめぐる従来理論はそもそも全部間違いだ！ その錯誤を暴き、あらゆる心的現象を自然主義の下に位置づける、心の哲学超入門。

ちくま学芸文庫

日本資本主義《にほんしほんしゅぎ》の群像《ぐんぞう》　人物財界史《じんぶつざいかいし》

二〇二一年九月十日　第一刷発行

著　者　栂井義雄（とがい・よしお）
発行者　喜入冬子
発行所　株式会社　筑摩書房
東京都台東区蔵前二―五―三　〒一一一―八七五五
電話番号　〇三―五六八七―二六〇一（代表）
装幀者　安野光雅
印刷所　中央精版印刷株式会社
製本所　中央精版印刷株式会社

ISBN978-4-480-51072-3 C0133